AF131478

Introduction

Pour beaucoup de parents qui perdent un enfant, écrire un livre est une façon de faire partager des émotions et un ressenti…c'est une sorte de thérapie.

La raison qui me pousse à coucher sur le papier tout ce que je vis depuis la mort de mon fils est toute autre.

Le départ de Sébastien a été brutal avec cette sensation d'avoir reçu un mauvais coup.

Quand elle a perdu son fils, Romy SCHNEIDER avait dit: « Lorsque j'ai su, je ne me suis pas écroulée, c'est tout qui s'est écroulé autour de moi ».

C'est exactement ça.

Je ne me doutais pas à ce moment-là que ce serait pour moi, sa mère, et pour toute notre famille, le début d'une bataille de chaque jour.

Rien ne nous a été épargné, et encore aujourd'hui, je ne sais pas comment nous avons pu rester debout après un tel coup, avec, en prime, tous les tracas administratifs.

Il a fallu se rendre compte très vite que la douleur des autres dérange, que certains n'ont pas les bagages pour mettre un peu d'humanité dans leur façon d'exercer leur fonction.

Le seul et unique but de ce livre est de raconter ce qu'une famille brisée ressent après un drame aussi épouvantable et c'est aussi de laver son honneur et dire la simple vérité sur son accident et ses suites.

Au début de ce livre, je vous raconterai l'enfance et l'adolescence de Sébastien, pour que vous ayez l'impression de le connaître un peu.

Puis je vous parlerai de ce que nous vivons au quotidien depuis son départ: les maladresses, les méchancetés (si, si ! Il y en a !) et également l'incompétence avérée de ceux qui ont dû intervenir, à un moment ou un autre sur le dossier de l'accident.

Je vous raconterai le plus sincèrement possible le chemin parcouru pour créer une association d'aide au deuil et comment j'ai été poussée, car c'est le mot, à m'intéresser à la médiumnité, moi qui étais si (trop) cartésienne !

Je vous ferai partager ces relations fortes qu'on peut lier avec des gens brisés, comme nous, par le décès d'un proche, et tous ces petits signes ou messages que nos chers disparus nous envoient d'où ils sont.

Ce livre est pour Sébastien, mon fils, parti pour un autre monde le 23 juillet 2012.

Il raconte simplement et sans exagération, le quotidien d'une mère qui survit depuis le départ de son enfant.

Notre bulle

Second enfant de ma tribu, Sébastien a passé les trois premières années de sa vie, trimbalé de nounou en mamies.

Son grand frère, Nicolas a développé, à l'âge de 3 ans, une maladie orpheline et j'ai dû passer plus de temps avec lui pendant les premières années de son petit frère.

Aussi quand l'état de santé de Nicolas demandait ma présence à son chevet à l'hôpital, je laissais, bien à contre cœur, mon petit en garde, la journée chez sa nounou et les nuits chez l'une de ses deux mamies.

Du coup, Sébastien était un gamin facile à vivre, habitué à jouer seul ou à se débrouiller

Je me suis longtemps sentie coupable car j'avais bien conscience de l'avoir délaissé à ce moment-là de nos vies.

Adolescents et adultes, mes deux fils ont su me rassurer : ils savaient que j'avais toujours fait tout ce que je pouvais pour eux.

Lorsque Nicolas a été complètement guéri, leur papa et moi avons divorcé.

Ce fut ma décision et je n'en ai pas souffert. Je n'ai donc pas, comme certaines mères, utilisé mes fils pour salir leur père et je ne le ferai jamais.

Toujours est -il que nous nous sommes retrouvés « famille monoparentale » avec les avantages et les inconvénients qu'on pouvait y trouver.

L'avantage a été cet amour puissant, inconditionnel, cette façon de communiquer : nous formions une sorte de bulle et nous y étions bien tous les trois.

Mes fils étaient mes piliers, mes poumons et je respirais grâce à eux.

Ensemble, nous nous sentions forts et invincibles.

Sans être complètement différents, ils avaient chacun leur caractère.

Nicolas, toujours dans la joie, ne se plaignant jamais, et très intrépide agissait plus impulsivement .

Il restait cependant l'aîné et prenait son rôle de grand frère très au sérieux.

Il avait 3 ans de plus que Sébastien et pensait qu'il devait le protéger.

Sébastien lui était plus discret, plus réfléchi, parfois même plus timide.

Il avait une grande sensibilité et il n'était pas rare, jusqu'à ce qu'il soit adulte, qu'il ait le regard embué de larmes devant un film triste.

Il avait toujours beaucoup de compassion pour les autres et détestait l'injustice.

Il était toujours en quête d'une invention, très créatif et doué en dessin. Ce n'était pas un garçon turbulent et il était facile à vivre.

Il était têtu et boudeur et je ne lui reconnaissais que ces deux défauts.

L'inconvénient d'être l'unique parent de deux garçons, si adorables soient-ils, est le côté financier et le poids des responsabilités que j'avais à assumer seule.

Sébastien et Nicolas avaient donc une réelle idée de la valeur des choses. Ils étaient raisonnables dans leurs demandes et savaient être heureux d'un cadeau sans grande valeur.

Nous avons passé quelques années tous les trois, puis, je me suis remise en couple lorsqu'ils avaient respectivement 10 ans et

7 ans. Ils ont accueilli celui qui allait devenir mon mari comme un père.

Il faut dire que leur papa n'ayant pas exercé son droit de visite, ils ne l'avaient revu que deux ou trois fois depuis notre séparation.

Eddy, mon mari avait été mon collègue, puis mon ami, pour enfin devenir mon conjoint et cette relation qui me comblait d'un nouveau bonheur, s'est installée en douceur dans la vie de mes enfants.

Il était lui-même papa d'une fille Marianne et d'un garçon Mickaël.

Le plus grand bonheur de mes fils était de me voir heureuse.

Eddy était là pour mon bonheur et ils l'ont immédiatement compris.

Nous l'avons donc accueilli dans notre bulle, et chacun y a trouvé sa place assez facilement.

Bien sûr, comme dans toutes familles recomposées, tout ne fût pas tout rose ou tout blanc, mais nous avons fait de notre mieux pour qu'il y ait le moins de discorde possible.

À l'adolescence, mes fils ont bien sûr, comme tous les adolescents, essayé de me désobéir et parfois ils ont certainement réussi à faire des bêtises qu'ils ne m'ont jamais avouées. Pourtant, ces deux-là étaient tellement complices que je finissais, en général par savoir certaines anecdotes croustillantes de leurs soirées par l'indiscrétion de l'un des deux.

Il faut aussi dire que j'avais été mère relativement jeune, de Nicolas à 19 ans et de Sébastien à 22 ans.

Je ne dis pas que je devinais ce qu'ils pouvaient faire, mais il était plus simple pour moi, puisque je n'avais pas avec eux une énorme différence d'âge, de comprendre leurs éventuels écarts.

J'étais capable d'entendre beaucoup de choses, mais il fallait me respecter et ne pas sous-estimer mon intuition. C'est ce qu'ils ont fait. Ils savaient tous les deux que des bêtises, on en fait tous, mais que je détestais le mensonge et surtout le fait de fuir ses responsabilités.

Lorsqu'on faisait une erreur, il fallait l'assumer. Je ne savais pas, à ce moment-là, que le responsable de la mort de Sébastien n'assumerait pas la sienne !

La moto

Eddy était motard et je pense que ses différentes motos ont, dès le début, forcé l'admiration de mes deux fils.

Tous les deux voyaient en leur beau-père une sorte de champion, un Mec avec un grand M . Dans leurs regards de petits garçons, ils voyaient cet homme en blouson de cuir arriver dans nos vies et étaient si fiers qu'il leur témoigne un soupçon de sentiment.

Ils avaient manqué de la présence d'un père, malgré tous mes efforts, et ont accueilli Eddy en héros.

Au début, je ne sais pas trop s'ils ont aimé tous les deux la moto pour qu'Eddy s'intéresse à eux ou si c'était bien sincère.

Très vite, j'ai suivi le mouvement et j'ai passé mon permis deux roues.

Je garde attendrie le souvenir de balades ensemble tous les quatre, Nicolas derrière Eddy et Sébastien derrière moi.

Je revois la petite carrure frêle de mon p'tit homme avec cet énorme casque qui semblait posé sur ses épaules.

Il me semble parfois que je ressens ses petits bras autour de ma taille.

Il n'avait jamais peur et parfois il criait de joie dès que je penchais un peu dans les virages…

Mon mari était convaincu que la maîtrise d'un deux roues devait s'apprendre et que le plus tôt serait le mieux.

Nous avons donc acheté des motos tout terrain, puis, dès qu'ils ont été en âge , ils ont passé leur brevet de sécurité routière, leur permis moto légère à 16 ans et enfin le permis « grosse cylindrée ».

Comme la plupart des garçons ils adoraient les engins motorisés, voiture, karting…

Mais la moto était une passion indiscutable.

Nicolas était plus attiré par l'enduro même s'il roulait lui aussi sur une routière.

Je pense que son côté « risque tout » un peu brute était plus compatible avec la moto verte puisque, devant un franchissement difficile, il fonçait sans réfléchir !

Sébastien adorait la route, le bitume. Il aimait la piste et étudiait ses courbes et ses trajectoires en virages. L'enduro l'attirait moins car il lui semblait qu'il y avait dans cette pratique, trop de place au hasard ou à la chance.

Bien sûr, en tant que mère, j'avais parfois une petite appréhension en voyant mes fils partir à moto mais, conductrice de 2 roues moi-même, j'espérais que mes enfants ne repoussaient leurs limites qu'en piste privée et jamais au détriment de leur sécurité.

Souvent, nous avions évoqué les accidents, les blessures possibles, mais jamais je n'avais réellement peur.

Du moins je pense que je n'avais pas peur de leur façon de rouler, j'avais peur des autres.

Dès l'âge de 14 ans, Sébastien avait acheté une 50cm3 à vitesse et avait parcouru des kilomètres et des kilomètres.

Il préparait un BEP de carrosserie et se rendait régulièrement sur les lieux de ses stages avec cette moto.

A 16 ans, titulaire du permis moto légère, il avait changé pour une moto 125cm3, sportive qui s'avérait être une petite bombe.

N'importe quelle mère aurait refusé de voir son fils rouler sur cet engin si puissant.

J'étais, à l'époque, inspectrice des permis de conduire et chargée de la mission deux-roues en région parisienne.

J'ai donc préféré former plutôt qu'interdire et j'ai inscrit Sébastien à une formation post-permis durant tout un week-end .

L'instructeur de gendarmerie lui a alors fait réaliser des exercices de stabilité, trajectoire et freinage tandis que je lui faisais passer des messages de sécurité.

Il bichonnait sa monture et à 18 ans, il n'a eu aucun mal à la revendre tant elle était dans un état impeccable.

Il a passé ensuite son permis « grosse cylindrée » qui l'autorisait à conduire une moto limitée à 34 chevaux.

Il s'est donc acheté une 600 cm3 bridée et a parcouru, encore, des centaines de kilomètres.

Entre temps, il avait laissé de côté la carrosserie et, ayant passé ses permis lourds, était devenu chauffeur routier comme son frère avant lui.

A 19 ans, il a quitté la maison pour s'installer à 100km de chez moi et se rapprocher de son travail, et, au passage, du domicile de son frère.

Le permis restrictif imposait une expérience de deux ans avant de pouvoir conduire une moto plus puissante.

Il avait trouvé l'engin de ses rêves, une sportive 600 cm3 , mais il devait attendre encore 1 mois pour pouvoir l'utiliser.

Je sais bien que chacun pensera qu'il a dû braver l'interdit et la conduire de temps en temps quand même ! Il n'en a rien été puisqu'il m'avait donné les clés en me disant « comme ça, je suis sûr de ne pas être tenté ! »

Le jour J par contre, il a pris la route dès le lever du jour et en a profité une bonne partie de la journée.

Malheureusement, quelques mois plus tard, il a été contraint de revendre cette merveille, parce que sa voiture vieillissante l'avait lâché. Il avait donc besoin de s'en racheter une autre et ne pouvait pas se permettre financièrement la charge des deux assurances.

Pendant plus d'un an, il prenait régulièrement ma moto pour emmener la jeune fille qu'il avait rencontrée et qui se prénommait Julie.

Ce n'est qu'au début juillet 2012 qu'il a pu s'en racheter une, moins récente que la précédente mais du même modèle.

C'est au guidon de cette dernière moto, que le 23 juillet 2012, rentrant de son travail, il a été victime d'un accident de la circulation qui lui a coûté la vie.

L'annonce de l'accident

Sébastien avait pu profiter d'une semaine de vacances avec sa petite amie, et était allé passer quelques jours à la Rochelle.

Il était passé nous voir à son retour, le samedi, ressourcé par son petit séjour et nous avait fièrement montré les vidéos prises avec son nouveau téléphone.

Je me souviens qu'il y en avait une qu'il avait appelé « dédicace à ma mère » .

On le voyait monter à cheval sur la plage…

Il appelait son cheval « Shogun » et riait parce que ce dernier était plutôt lent… il disait à Julie de ralentir pour faire croire qu'il allait vite.

On l'entendait rire sur cette vidéo, et parler avec cet humour que j'aimais tant…

Le téléphone a été endommagé dans l'accident et je n'ai pas pu récupérer ce film.

Le dimanche, en famille chez sa chérie, il a reçu un appel de son collègue Eric.

Chaque jour de travail, Eric et lui prenaient un véhicule de l'entreprise pour se rendre au dépôt de Seine et Marne où se trouvait leurs camions.

Son collègue lui annonçait qu'il était souffrant et que la voiture de service étant à son domicile, il fallait qu'il se débrouille pour venir la chercher ou bien partir avec son véhicule personnel.

C'est cette dernière option qu'il a choisie.

Chaque matin de travail, depuis son entrée dans la vie active, nous nous appelions au téléphone

Il me faut une heure chaque jour pour me rendre sur mon lieu de travail et nous avions tous les deux le kit « Bluetooth » .

Nous profitions donc de ce moment pour refaire le monde tous les matins !

Ce lundi 23 juillet, Sébastien était un peu triste que ses vacances soient déjà terminées.

Il m'avait confié que peut-être, il ne ferait pas ce métier encore très longtemps.

Il m'avait dit, par contre, avoir pris du plaisir à se rendre tout seul au dépôt au lever du jour.

Comme je l'avais senti un peu démoralisé, je l'ai rappelé après mon travail en fin d'après midi.

Je devais me rendre dans un magasin spécialisé pour les articles de fêtes avec Mathilde, la future épouse de mon fils Nicolas.

Leur mariage était prévu le 1er septembre alors les préparatifs étaient bien engagés.

Nous allions entrer dans le magasin quand j'ai réussi à joindre Sébastien.

Je lui ai demandé si sa journée s'était bien passée et si tout allait bien.

Il m'a dit qu'il avait trouvé la journée longue, d'autant que, puisque son collègue était malade, Sophie, sa patronne, lui avait demandé de faire un chargement supplémentaire pour lui rendre service.

Il arrivait avec son camion au dépôt et ne pouvait pas rester très longtemps au téléphone, car il fallait qu'il fasse des courses.

Nous avons donc coupé court à la conversation et je l'ai entendu me dire comme à chaque fin de coup de fil :

-Bisou à T'tal !

Même si on ne devait se rappeler que le lendemain, il me disait toujours ça :

-A T'tal !

Mathilde et moi avons commencé à choisir les décorations de tables et les menus.

Nous avions avec nous Anaé, mon amour de petite fille.

Nicolas et Mathilde étaient en effet les heureux parents d'une jolie princesse de 14 mois.

Elle commençait seulement à marcher et elle était émerveillée par toutes ces couleurs.

Au fur et à mesure que le temps passait, je me suis sentie mal, oppressée, comme si tout m'était devenu insupportable !

Je n'avais plus envie de rester, juste envie de rentrer chez moi…et d'essayer de rappeler Sébastien.

Il nous manquait des petits sachets pour les dragées et Mathilde m'avait demandé d'aller voir en repartant dans un magasin situé sur mon trajet.

Pourtant, après avoir garé ma voiture, je suis entrée dans l'enseigne et je suis rapidement ressortie sans même regarder les rayons.

Il fallait vite que je rentre et que j'appelle mon fils !

C'est étrange ce sentiment de mal-être qui m'a envahi.

Dès que j'ai repris la route, j'ai essayé de contacter Seb, mais je suis directement tombée sur son répondeur.

J'ai essayé une bonne dizaine de fois sans plus de succès.

Mes craintes se sont amplifiées lorsque j'ai téléphoné à sa petite amie qui m'a dit qu'elle essayait de le joindre aussi mais qu'elle n'y arrivait pas.

Alors que je lui rappelais qu'il devait passer en courses elle me répondit : « oui mais, avant, il faut qu'il rentre puisqu'il est en moto »

Jamais depuis le début de la journée je n'avais réalisé qu'il était parti au travail sur sa moto !

Et à partir de cet instant le doute pour moi n'était plus possible : il lui était arrivé quelque chose !

Je me souviens que mon premier réflexe a été d'appeler Nicolas.

Dans un premier temps, il a tenté de me rassurer en me disant qu'il était certainement passé chez un copain avant de rejoindre son domicile, mais quand je lui ai dit que Julie l'attendait pour aller faire ses courses, il a commencé à s'inquiéter avec moi.

Je tremblais et je transpirais et je peux vous assurer que je sentais à cet instant-là qu'un malheur était arrivé.

Nous avons bien essayé, Nicolas et moi d'échafauder quelques hypothèses sur son retard et sur notre incapacité à le joindre :

– ça ne capte peut-être pas où il est …

– il n'a peut-être plus de batterie…

– il a rencontré quelqu'un et il discute…

– il est déjà en ligne et ça ne passe plus…

Mais je pense que sincèrement on essayait plutôt de se rassurer.

Dans l'intervalle, je suis arrivée à la maison.

J'ai raccroché un petit moment avec Nicolas, juste le temps pour moi de faire partager mes craintes avec mon mari qui était en train de bricoler dans le garage.

Bizarrement, il n'a pas cherché à me rassurer.

Je me souviens qu'il a dit qu'il fallait que quelqu'un fasse le trajet de Sébastien et regarde bien sur les bas-côtés.

J'ai rappelé Julie, elle a demandé à son papa de l'accompagner et ils sont partis à la rencontre de Sébastien.

Il était déjà plus de 18H30 et j'ai rappelé Nicolas qui était toujours dans son camion.

Cela faisait maintenant 1H30 que j'essayais de joindre mon fils et que personne ne savait où il était.

Je m'étais réfugiée dans la chambre de Sébastien pour appeler son frère et j'étais sur son lit.

Nicolas parlait de tout et de rien comme pour meubler la conversation quand il m'indiqua qu'il avait un double appel :

« Tiens, c'est Mathilde, Seb est sûrement chez nous ! » m'a -t-il dit sans grande conviction.

Il m'a mis en attente et je pleurais en silence sur le lit de mon gamin, puis il a repris la ligne et je l'ai entendu hurler « J'ai plus de frère, putain non ! j'ai plus de frère !! »

Je suis restée étrangement calme et je lui ai dit qu'on allait lui en racheter un autre, que ce n'était pas grave…

J'avais tellement espéré durant toutes ces minutes d'incertitude que, seul, le téléphone de Seb était défaillant, que je pense que je m'en suis convaincu quelques instants.

Nicolas m'a vite ramené à la réalité :

-Mais non, tu ne comprends pas, c'est Seb, il a eu un accident !

-Mais il n'est pas mort hein ??

-Je ne sais plus, oh maman, je ne sais plus, appelle Mathilde, c'est les gendarmes qui ont appelé chez nous !

Alors, comme une automate, j'ai composé le numéro de Mathilde.

Elle pleurait et j'ai compris, mais dans une espèce de sursaut d'espoir j'ai répété cette phrase idiote :

-il n'est pas mort ??

-Je crois que si !!

Pauvre petite ! Elle, la douceur incarnée, la toute jeune maman de ma splendide petite fille, avait dû confirmer cette atrocité : Sébastien est mort !

Je ne sais plus qui a raccroché et les quelques minutes qui ont suivies restent très douloureuses à évoquer.

Les hurlements qui sortaient de ma gorge étaient irréels…La situation était irréelle !

Moi sur le lit de mon môme à hurler comme une bête et mon mari, prostré dans son garage.

Il avait entendu mes pleurs, il avait compris et n'osait plus entrer à la maison.

J'ai repris mes esprits en entendant un bruit de verre cassé dans l'atelier.

Dans l'émotion, il était en train d'accrocher un cadre sous verre et il l'a laissé tomber.

Je me suis précipité vers lui, je me suis blottie contre lui et je ne criais plus.

Les larmes coulaient sur nos joues et nous sommes restés accrochés l'un à l'autre un long moment en silence.

Ensuite j'ai demandé à me rendre chez Nicolas avec cet irrésistible envie de me blottir contre lui.

Je suis encore étonnée aujourd'hui, qu'à aucun moment je n'ai demandé où était le corps de Sébastien.

Je sentais sa présence partout, et cette sensation m'apeurait et m'apaisait en même temps.

Nous nous apprêtions à prendre la route quand la gendarmerie de Seine et Marne a appelé.

L'agent nous a confirmé le drame et nous a expliqué les circonstances de l'accident :

Sébastien se serait rabattu après un dépassement en ligne droite, derrière un camion, et ce dernier aurait freiné.

Sébastien aurait percuté l'arrière de la remorque.

Il a ajouté que nous devions rester à notre domicile jusqu'à la visite de la gendarmerie de notre circonscription qui devait passer nous voir.

Il était maintenant presque 20h et nous avons dû attendre encore une demi-heure qui m'a paru une éternité pour qu'enfin la gendarmerie arrive chez nous.

À sa descente du véhicule, une jeune femme en uniforme, me voyant en pleurs, a eu ces paroles que je considère maintenant comme très déplacées :

-Ah, je vois que vous savez déjà ! On vient pour rien !

Votre fils a dépassé un camion et a percuté de plein fouet une voiture qui arrivait en face.

-Mais, les gendarmes de Seine et Marne ne m'ont pas dit ça .

-Oui ben peu importe, moi je vous dis ce qu'on m'a dit, et puis l'essentiel c'est qu'il est mort !

Je n'exagère malheureusement pas et vous verrez au fur à mesure de mon récit que ce ne sont pas les seules paroles blessantes (ou idiotes…comme on voudra), qu'il nous a été donné d'entendre.

Mon mari m'a ensuite conduite chez Nicolas et Mathilde.

Lorsque nous sommes arrivés, il y avait ma sœur et ma mère, mais je n'ai vu que Nicolas et je lui ai littéralement sauté dessus.

J'ai su ensuite que, jusqu'à mon arrivée, il était resté très calme, presque stoïque.

Mais il m'a vu dans cet état et Eddy l'a serré à son tour très fort en lui déclarant

– Attention à toi, je t'aime.

Alors il a craqué : il a couru au fond de son terrain et s'est ouvert la main en cognant à poings fermés dans une plaque de tôle.

Il a réalisé que son petit frère était mort et il a fallu à Eddy cette horreur pour pouvoir sortir les mots que Nicolas attendait depuis tant d'année !

J'ai calmé comme j'ai pu mon Nico, et me tournant vers Mathilde j'ai réalisé avec effroi que le mariage était compromis. En pleurs je lui ai dit « Oh Mathilde et votre mariage ? »

Mathilde était sous le choc et elle m'a dit qu'elle s'en fichait, que s'il fallait, il n'y aurait pas de mariage.

J'ai tout de suite mesuré l'importance de cette phrase qui peut sembler banale, voire normale.

Mathilde était entrée dans nos vies tout doucement.

Elle était au collège en classe avec Sébastien et elle était très bonne élève.

Sébastien m'en parlait souvent parce qu'elle l'aidait régulièrement à faire ses devoirs.

Lorsque Nicolas a eu sa première moto 125 cm3, il est un après-midi, allé chercher son frère au collège et il a rencontré Mathilde.

Puis il l'a revue régulièrement et ils ne se sont plus quittés.

Elle a été la meilleure amie du petit, la petite amie du grand…

Elle est une mère exceptionnelle pour ses enfants et surtout une belle-fille que toutes les belles-mères espèrent avoir un jour.

Elle rêvait d'un mariage romantique avec une jolie robe, des fleurs, des rires…

Elle préparait avec moi et sa maman ce rendez-vous qui devait avoir lieu cinq semaines plus tard et ne négligeait aucun détail pour que tout se passe bien.

Et pourtant, elle venait d'apprendre que son beau-frère chéri, son meilleur ami, ne serait pas là avec elle pour ce jour qui s'annonçait tellement beau !

Alors c'est de la façon la plus sincère qu'elle a répondu que son mariage n'était pas la chose la plus importante pour elle et pour nous à ce moment-là.

Et elle avait raison. Pour le moment, nous étions perdus et nous devions essayer de relever un peu la tête, car l'urgence, c'était de reprendre notre respiration, simplement notre respiration.

Je me souviens qu'une fois rentrés chez nous, mon mari et moi nous sommes allongés sur le lit, et que nous avons parlé toute la nuit.

Comment trouver le sommeil après un tel choc ?

Lorsqu'il m'arrivait de somnoler je voyais clairement Sébastien sur sa moto, puis je faisais une sorte de zoom sur son visage. Il ouvrait de grands yeux apeurés et je voyais le choc, à l'arrière du camion qui était devant lui. Je me redressais alors à chaque fois.

J'étais triste bien sûr, abattue mais aussi troublée parce que Sébastien, quelque temps plus tôt m'avait raconté un cauchemar qu'il avait fait :

— Je suis au volant de mon camion, je double et j'avais pas vu le motard derrière moi. Boum, il

tape mon arrière !Je descends voir et il est à terre, inconscient.

Je lui soulève la visière… Oh merde, c'est moi !!

Lorsqu'il m'avait raconté son rêve, j'avoue que j'avais été mal un bon moment, mais je m'étais efforcée de chasser ces images de ma tête.

Pourtant la nuit qui a suivi l'accident, j'ai revu ces images en boucle.

Est-ce que les rêves prémonitoires existent ?

Est-ce que Sébastien savait au fond de lui que cela lui arriverait ?

Est-ce qu'il avait voulu me préparer ?

Les jours qui ont suivis ont été très pénibles et les gendarmes me tenaient au courant chaque jour des analyses faites sur le corps de mon fils, justifiant ainsi le fait que nous ne pouvions pas le faire revenir vers nous.

Puis enfin, 4 jours plus tard, alors que toutes les recherches toxicologiques et éthyliques s'étaient avérées négatives, la dépouille de mon fils nous a enfin été rendue.

J'ai dû alors, comme dans un état second, organiser ses obsèques, choisir son cercueil, lui apporter des vêtements.

Je nous revois dans les allées de la marbrerie, Nicolas, Mathilde, Eddy et moi choisir une pierre tombale sans trop réaliser…

Je pense sincèrement que la douleur anesthésie fortement et que nous avons fait toutes les démarches comme des automates.

Nous pleurions beaucoup mais pas en continu, comme si par moment nous capitulions, vaincus par la douleur.

L'accident a eu lieu le 23 juillet et nous avons pu faire organiser ses obsèques pour le 30 juillet.

Durant toute la semaine qui a précédé la cérémonie, nous avons reçu la visite de nos familles, de nos amis très proches. Ils étaient venus pour nous épauler alors que d'autres ont déjà commencé à nous faire mal.

Sébastien habitait dans une petite maison en location à Sauvage, dans la Marne et la propriétaire, à l'annonce de son décès, nous a gentiment demandé de rendre le logement pour le 31 juillet !

Le samedi 28, alors que Sébastien était encore à la chambre funéraire, nous avons été contraints de déménager ses affaires pour satisfaire cette pauvre femme.

Je vous laisse imaginer ce qu'une famille peut ressentir en emballant des affaires, en sentant le parfum si présent d'un proche décédé seulement cinq jours auparavant.

Ça peut paraître insignifiant, mais il était horrible de devoir vider un cendrier, laver une cuillère, effacer ses traces.

Avec le recul, je pense comme vous que l'attitude de cette dame a été répugnante mais sur le moment, anéantie par le décès de mon enfant, je n'avais pas assez de force, ni pour réfléchir, et encore moins pour me défendre.

Mon fils était mort, nous étions déjà confrontés à la bêtise et à la méchanceté humaine et nous ne savions pas encore que ce ne serait qu'un début.

Les phrases « Malheureuses »

J'insiste sur le fait que ces phrases blessantes, prononcées par les autorités, l'administration ou parfois par des proches ne sont pas révélées dans le but de soulever une quelconque compassion et encore moins d'engendrer une polémique.

Je désire juste dire les choses telles qu'elles se sont passées, sans rancœur et sans haine.

Les paroles blessantes ont souvent été prononcées dans mon entourage professionnel.

En voici quelques exemples :

Au restaurant administratif, je m'étais laissée tenter par une énorme part de forêt noire ;

Alors que je la dégustais tranquillement, cette conversation étrange s'engagea avec une des secrétaires du service :

-ben dis donc t'as bon appétit !

-oui je suis gourmande…

-C'est bien ! si tu manges c'est que tu vas bien !

Quelle conclusion étrange !

Pour que ma réaction au décès de mon fils soit dans la normalité, il aurait fallu, pour certains, que je pleure du matin au soir, que je maigrisse à vue d'œil, que je « paraisse » dépressive…

Un matin, un des membres du jury avec lesquels je travaillais parfois, m'a aussi dit :

-On m'a dit que tu avais perdu ton fils ?

-Oui

-Je sais ce que tu ressens

-Ah bon ? Toi aussi ?

-Non, moi j'ai perdu mon chien l'an dernier !

J'ai moi-même toujours eu des chiens et je sais la douleur qu'on peut ressentir lorsqu'ils nous quittent, mais la comparaison était tellement étrange…

J'ai bien compris qu'il avait voulu m'expliquer qu'il comprenait ma peine et je ne lui en ai pas voulu.

Le plus douloureux a été d'entendre ou de lire des paroles réellement destinées à me faire mal.

En octobre 2012, le frère de mon mari avait, un soir inondé ma messagerie privée par des insultes et des reproches.

Depuis le drame, nous ne l'avions pas revu et je dois dire que, du côté de ma belle-famille, c'était plutôt silence radio.

À l'occasion de l'anniversaire de ma belle-mère, j'avais, sur les réseaux sociaux, posté un petit cœur sur son profil.

Mon beau-frère a eu une réaction des plus surprenantes, me rappelant dans ses nombreux messages écrits jusqu'au milieu de la nuit, que je ne faisais pas partie de la famille et bien d'autres amabilités, mais surtout me balançant cette phrase ignoble :

-bravo, beau cinéma pour ton fils ! tu as eu le premier rôle…

Il faisait sans doute allusion à la célébration de ses obsèques ou peut être aux nombreux poèmes que je postais sur mon profil de ce même réseau social.

Le monologue avait commencé à 22h pour se terminer à 2h du matin et je ne l'ai lu que le lendemain.

Mon mari lui a répondu mais ses paroles avaient eu l'effet escompté, j'étais abattue.

Je ne pouvais pas imaginer que quelqu'un puisse être méchant à ce point pour essayer d'abattre quelqu'un qui était déjà à terre.

Je ne compte plus les phrases idiotes prononcées lorsqu'on ne sait pas quoi dire :

-Allez, il faut tourner la page

-Tu es forte, tu vas oublier

-Tu crois qu'il a souffert ?

-Moi j'ai des rhumatismes, tu n'as pas le monopole de la douleur

-Je ne sais pas comment tu fais, moi, à ta place je me suiciderais.

-Je t'ai vu tout à l'heure, tu rigolais, tu n'y pensais pas à ton gamin !

Quelques rares personnes ont su parler sans faire mal, trouver les mots justes, et je sais maintenant que tout le monde n'a pas les bagages pour pouvoir imaginer vivre un tel drame.

D'ailleurs les paroles les plus réconfortantes venaient souvent de ceux qui avaient eux-mêmes vécu le drame de perdre une personne proche.

Je suis bien consciente que tout n'a pas été prononcé pour me nuire, et c'est souvent par maladresse que mon entourage me parlait de cette façon.

Je sais aussi que c'est parce que j'avais mal que je réagissais comme un animal blessé, en prenant les choses à la puissance 10.

La palme de l'inhumanité revient tout de même à tous les services administratifs côtoyés après le décès.

Bien sûr, il y a la réponse toute faite de son assurance voiture qui, après l'envoi de son acte de décès pour résiliation, répond qu'elle regrette sa décision en lui précisant que s'il changeait d'avis, il n'hésite pas à la recontacter …

J'aurais quand même apprécié que, dans un tel cas, on évite de faire un simple « copier-coller » et qu'on mette un peu d'humanité dans la réponse !

Puis il y a la mairie du village dont dépendait le lieu de son accident qui se trompe dans l'acte de décès, notamment sur le lieu de résidence et de naissance.

Joint par téléphone le Maire me répond sèchement :

-La secrétaire est en vacances, vous attendrez son retour, de toute façon il n'y a rien de simple dans votre affaire !

Seulement, pour engager la moindre démarche, il me fallait absolument ces actes de décès et j'ai dû faire intervenir la Préfecture de Seine-et-Marne pour convaincre ce monsieur de rééditer des actes de décès corrects.

Il y a aussi ce moment très pénible où, me rendant à la poste de mon village pour retirer une lettre recommandée adressée à mon fils, alors que j'avais pris soin d'emporter avec moi les documents prouvant son décès, je me retrouve face à une dame très austère qui regarde sans sourciller les papiers et qui me lance :

-il n'a pas signé au dos !

Je réponds, cette phrase qui me blessait tant :

-Mais il est mort.

Et là, sans doute gênée de ne pas avoir réalisé plus tôt et consciente d'avoir fait une gaffe, elle a cette réaction encore incompréhensible pour moi :

-Ce n'est quand même pas ma faute s'il est mort !

Je n'avais plus de force et je pleurais, je me souviens qu'un homme derrière moi lui a dit d'arrêter de m'embêter et de me donner mon courrier.

Je ne sais même pas si ce monsieur me connaissait et je suis sortie en retenant mes cris et mes larmes en courant jusqu'à la maison.

À part la compagnie d'assurance qui garantissait les intérêts de Sébastien et la très compétente personne qui s'est occupé de son dossier, je dois dire que je n'ai pas trouvé, face à l'horreur de devoir effectuer des démarches suite à son décès, de personne qui puisse comprendre que Sébastien était autre chose qu'un numéro de dossier.

Je me souviens de mes pleurs lorsque, alors que j'étais au cimetière, un agent de la CPAM de la Marne m'a appelée sur mon portable.

Il m'a expliqué que Sébastien avait, le 23 juillet à 16H54, envoyé un message à son employeur pour l'informer qu'il avait posé son camion.

Puis qu'il avait eu l'accident à 17H08, heure notée sur le chronotachygraphe de camion roumain impliqué.

Or, ce monsieur avait calculé que le temps prévu pour faire ce trajet devait être de 9 minutes à 90km/h et ne correspondait donc pas.

Et sa question dépassa alors tout entendement :

-est ce que vous savez ce qu'il a fait dans les 5 minutes qui me manquent ?

Je me souviens lui avoir répondu en sanglotant, que je ne comprenais pas comment quelqu'un pouvait demander à une mère, ce que son gamin a bien pu faire dans les 5 dernières minutes de sa vie.

Je me souviens lui avoir rappelé que Sébastien était à moto, et que ces fameuses 5 minutes lui avaient certainement servi à s'équiper de son casque de son blouson et de ses gants…

La palme de la violence qu'on peut mettre dans des paroles revient malgré tout aux gendarmes, chargés ou non de l'enquête et je me dois de vous faire part de toutes les horreurs qui m'ont été dites.

Pour plus de commodité, je vais nommer l'agent chargé de l'enquête « Mr X » et vous allez vous rendre compte qu'il m'était très difficile de l'avoir au téléphone.

Dans les jours qui ont suivi l'accident, j'ai eu plusieurs échanges avec Mr X et dans les premières conversations il insistait sur le fait que Sébastien roulait vite, que tous les témoignages allaient dans ce sens.

Il avait même rajouté :

-Il a fait une erreur, il l'a payé cash !

Nous étions aux prémices de l'enquête et déjà, il semblait tout savoir sur les causes de l'accident.

Lorsque nous nous sommes rendus, mon mari et moi à la brigade chargée d'enquêter, Mr X nous avait mieux expliqué comment les choses s'étaient passées.

Il nous a dit que Sébastien était en train de doubler toute une série de véhicules, se rabattant entre certains, et qu'il a rejoint la voie de droite pour laisser passer un véhicule en face.

C'est à ce moment que le chauffeur roumain aurait ralenti et que Sébastien, roulant très vite, aurait percuté l'arrière droit du camion.

J'avoue que j'étais trop faible pour réfléchir, mais mon mari a réagi à ce moment-là à quelques premières incohérences :

-S'il roulait si vite, comment expliquez-vous qu'il ait pu se rabattre entre chaque véhicule ?

-Et pourquoi a-t-il heurté l'arrière droit du camion ? S'il attendait pour dépasser, il aurait tapé à gauche ?

-Comment pouvez-vous dire qu'il allait vite ?

-Vous dites que le choc a été très violent et que la moto est coupée en deux ; puis-je voir la moto ?

Mr X tentait de répondre en avançant le fait que tous les témoignages concordaient.

Il nous affirmait même que depuis environ deux mois, des riverains avaient entendu un motard passer tous les soirs vers 17H00 à vive allure, et que depuis l'accident, ils ne l'entendaient plus.

Mais Sébastien n'avait cette moto que depuis le 1er juillet et c'était la première fois qu'il allait au travail avec.

Et de quels riverains parlait-il ? l'accident a eu lieu sur une route départementale en pleine ligne droite et en pleine campagne…

Mr X autorisa mon mari à aller voir la moto qui avait été déposée dans un garage sur notre trajet de retour.

Je ne suis pas descendue du véhicule et quand il m'a rejointe il m'a regardé avec un regard accablé et m'a dit :

-elle est entière

Puis il a pleuré…

Nous savions déjà que Sébastien était le responsable idéal : jeune, au guidon d'une sportive, il entrait complètement dans les stéréotype de la personne à risque, il était donc forcément le seul responsable et c'était tellement plus simple pour tout le monde !

Nous n'avions pas le procès-verbal d'accident, et nous étions encore trop faibles pour nous battre.

Un peu plus tard, nous avons récupéré la moto à notre domicile et il m'arrive parfois d'aller regarder sous la couverture qui la cache, juste pour vérifier qu'elle est bien d'un seul bloc.

Le résultat de l'enquête est arrivé en février 2013.

C'est Eddy qui a ouvert le courrier et lorsque je suis rentrée du travail, il était assis, les yeux embués de larmes et il semblait en colère.

-Qu'est ce qui se passe ?

-J'ai ouvert l'enveloppe et j'ai feuilleté le dossier. Il y avait des photos, je les ai écartées du dossier.

-Pourquoi tu pleures ? Il y a des photos de Seb ?

-Oui, mais je les ai retirées…

Alors je me suis mise à mon tour à lire les documents présents dans le dossier.

J'ai évité soigneusement l'enveloppe où mon mari avait glissé les photos et j'ai commencé à surligner ce qui me paraissait incohérent.

Un des documents a soulevé un sentiment de colère immédiatement :

Il y avait dans le dossier un témoignage recueilli par téléphone, de Sophie, la patronne de Sébastien, qui également la secrétaire de l'entreprise de transport pour qui il travaillait depuis plus de deux ans.

Ce témoignage était accablant et j'avoue que je ne comprenais pas du tout ce qui avait pu pousser cette femme qui semblait si attachée à mon fils à salir sa mémoire comme ça.

Il était écrit :

La secrétaire de l'entreprise déclare qu'elle avait mis en garde plusieurs fois la victime sur sa façon de conduire à moto et qu'il se vantait de mettre 30 minutes pour rejoindre le siège de l'entreprise alors que 50 minutes sont nécessaires.

J'ai immédiatement pris mon téléphone et lui ai demandé des explications.

Elle a été complètement anéantie par ce que je venais de lui dire :

-Mais je vous jure que je n'ai jamais dit ça ! Sébastien était un bon chauffeur et moi je ne savais pas comment il roulait à moto ! Mon Dieu mais c'est dégueulasse d'avoir interprété mes paroles comme ça !

En fait, d'après sa version, au cours de la conversation téléphonique avec les forces de l'ordre, cette maman qui ne pouvait se résoudre à réaliser que mon fils était mort, aurait répété inlassablement :

-Oh je lui avais dit que c'était dangereux la moto.

Elle ne l'avait jamais mis en garde sur SA façon de rouler mais sur les dangers de la route.

Lorsque le gendarme lui a demandé s'il venait parfois à moto au dépôt, Sophie a pensé qu'il parlait du siège social et a répondu par l'affirmative en précisant qu'il mettait une demi-heure.

Il habitait à 35 kilomètres de l'entreprise.

Mais l'officier évoquait le lieu de stationnement du camion.

Alors il en a conclu, sans chercher de précisions complémentaires que Sébastien mettait « habituellement » 30 minutes pour faire 60 kilomètres et qu'il avait donc l'habitude de rouler vite.

Bien sûr, je n'ai eu aucun mal à convaincre Sophie de refaire un témoignage écrit pour préciser tout cela.

Mais à ce moment-là, je ne savais pas trop ce que j'allais bien pouvoir en faire.

Je ne comprends pas comment il est possible que Mr X puisse joindre au dossier, un témoignage accablant pour Sébastien, alors que la déposition a été faite par téléphone.

Je ne comprends pas comment on peut être à ce point inhumain, pour « arranger » les propos recueillis pour qu'ils deviennent à charge contre mon fils .

Tout le PV d'accident était truffé de contradictions, d'erreurs, et un enfant de 10 ans se serait posé les bonnes questions.

Et où étaient passés tous ces témoignages accablants dont on nous avait parlé et qui disaient tous que Sébastien roulait trop vite ?

Il n'y avait aucun témoignage !

Pourtant quelqu'un a appelé les secours, mais il semble que personne n'ait pensé à appeler le SDIS pour vérifier qui avait passé l'appel !

Personne n'a été entendu, excepté le chauffeur roumain.

Il déclare qu'il roulait à 80km/H, et qu'il a vu dans son rétroviseur gauche un motard qui dépassait les véhicules derrière lui. Il précise qu'il se rabattait.

Il dit qu'une voiture arrive en face, et que lui, est gêné par un tracteur agricole.

Il est donc obligé de ralentir et Sébastien vient le percuter.

Il estime son allure à 60 km/h…

Mais lorsqu'on tourne la page, on peut lire la conclusion de l'analyse du disque chronotachygraphe du camion qui indique une vitesse constante de 80 km/h.

La vitesse chute à 0 au moment du choc : Il n'y a aucune trace de son parcours à la vitesse de 60 km/h…

Dans les jours qui ont suivi la réception du rapport d'enquête, j'ai contacté Mr X .

Il n'a pas su justifier l'absence de témoignage, ni l'incohérence de la déposition du chauffeur face à l'analyse de son disque.

Il a simplement répondu que cela coûterait trop cher de le convoquer à nouveau, car il fallait faire venir un interprète…

Mon exemplaire de document était devenu jaune fluo tellement j'avais relevé des choses aberrantes.

On trouvait des erreurs à chaque paragraphe !

Même le lieu était erroné : on parlait de la borne kilométrique N°7 sur le papier alors que l'accident avait eu lieu à hauteur de la borne N° 6.

Mais qu'est-ce que je pouvais faire à mon niveau ?

Était-il possible de contester les conclusions de l'enquête ?

Je vous ai parlé au début de mon récit de cette « gendarmette » qui nous avait annoncé l'accident avec des paroles plus ou moins acceptables.

Elle ne s'est pas arrêté là !

Lorsque j'ai rappelé la gendarmerie de mon domicile pour expliquer ce que je ressentais et leur faire part de ma volonté d'éclaircir certains points, c'est elle qui m'a répondu.

Fidèle à elle-même elle a eu cette réponse inqualifiable :

-Vous croyez que ça se fait comme ça vous ! Faut pas exagérer, c'est qu'un accident de la route, ce n'est pas l'affaire du siècle !

8 mois s'étaient écoulés depuis le départ de mon fils.

Sans pouvoir dire que je réussissais à me relever, je me battais chaque jour pour rétablir la vérité.

Alors quand elle a prononcé cette parole de trop, je me suis mise à parler sur un ton autoritaire et je lui ai dit tout ce que j'avais sur le cœur, de son manque de tact pour annoncer le décès d'un gamin à ses parents, à son attitude méprisante face à notre douleur. Je lui ai signifié que je me foutais royalement de l'affaire du siècle et que la mort de Sébastien était le drame de ma vie, que devant l'incompétence des gens qui sont payés pour enquêter sur le degré de responsabilités dans cet accident, j'étais contrainte de le faire moi-même.

Je parlais sans grossièreté, sans injures mais mes mots étaient cinglants.

Plus tard, on m'a dit que j'aurais pu dénoncer les commentaires déplacés de cette dame en écrivant au procureur.

J'avais une autre procédure en cours : laver l'honneur de Sébastien et faire rétablir la vérité. Le reste, même c'est difficilement compréhensible, ne m'atteignait pas vraiment.

La psychanalyse

En juin 2012, un mois avant le drame, j'ai dû subir une intervention chirurgicale suivie d'un mois d'arrêt de travail.

C'est donc le jour de l'accident, le 23 juillet, que j'ai repris le travail.

J'avais rendez-vous avec le chirurgien pour un bilan post-opératoire au début du mois d'août.

J'ai hésité à me rendre à cette consultation, car la douleur de la perte de mon fils avait tout occulté.

Je ne me préoccupais pas du tout de ma santé à ce moment-là.

Poussée par mes proches, je me suis quand même rendue au rendez-vous et à peine quelques secondes après avoir salué le praticien, j'ai éclaté en sanglots.

Je lui ai raconté les événements.

Il se sentait impuissant devant autant de larmes et m'a demandé :

-voulez-vous vous faire aider ?

-Je ne sais pas, il n'y a pas de solution, Sébastien ne reviendra pas.

-Je connais une psychologue qui est aussi une grande amie. Voulez-vous que je lui demande de vous recevoir ?

-Pourquoi pas.

Et c'est ainsi que, un mois après le décès de mon fils, je faisais la rencontre de Rachel, la psychologue en qui j'accorde la plus grande confiance depuis plus de 4 ans.

Comme vous le savez maintenant, j'ai besoin de comprendre les choses pour les accepter.

Qu'y avait-il à comprendre dans la mort de mon fils ? Et surtout comment accepter ?

Elle a su trouver les mots justes, ceux qui n'ont pas la prétention de guérir, mais qui apaisent seulement.

Elle expliquait clairement les réactions de mon entourage, tous ces mots maladroits, toute cette impuissance qu'ils ressentent devant nous.

Et surtout, elle m'autorisait à pleurer !

Lorsque je me suis trouvée pour la première fois dans sa salle d'attente, j'ai fixé un tableau au mur.

Il représentait un enfant, seul au milieu d'un paysage désert, et il marchait…

Lorsque je me suis assise en face d'elle, je lui ai tout de suite dit ce que je ressentais :

-En regardant ce tableau dans votre salle d'attente, j'ai tout de suite pensé à moi. Je suis comme cet enfant, on me dit d'avancer, mais devant il n'y a rien !

Je suis perdue, comme si j'étais dans un désert et je dois continuer… mais dans quelle direction ?

Elle m'a expliqué que le principal était de ne pas rester sur place, parce que là où j'étais, effectivement il n'y avait rien.

Mais que devant, après les dunes, il y avait une vie qui serait différente mais qui peut être belle si je le décide.

Elle m'a aussi fait remarquer que j'avais déjà fait un grand pas en avant par rapport aux autres parents endeuillés qu'elle connaissait .

Je parlais de la « mort » de Sébastien, les autres disaient « départ ».

Elle m'a expliqué que la notion de départ attendait un retour et que ces parents-là avaient encore un long chemin à parcourir pour en arriver à mon niveau.

Le mot « mort » que j'employais, signifiait que j'avais compris que Sébastien ne reviendrait pas.

Il paraissait que c'était bon signe !

Je me sentais honteuse alors d'avoir pu me relever à ce drame.

Là aussi elle a trouvé les mots.

-Est ce qu'il y a quelque chose que vous regrettez de ne pas avoir dit à votre fils ?

-Non, on se disait toujours tout.

-Vous savez, certains parents n'auront jamais cette dose d'amour que vous vous êtes échangés en 23 ans !

Certains passeront plus d'un demi-siècle ensemble et ne sauront pas se dire qu'ils s'aiment.

Elle avait raison, j'avais, en 23 ans avec mon enfant, fait le plein de tout l'amour qu'on pouvait se donner et il le savait.

Nicolas et Sébastien étaient très contrariés quand ils me voyaient triste et ma psychologue m'a expliqué que c'est pour cette raison qu'elle était confiante.

Dans cette situation, comme dans toute ma vie, je penserai aux autres avant moi et j'éviterai de craquer pour ne pas les inquiéter.

Elle m'a quand même mise en garde contre mon altruisme, car elle m'a bien fait comprendre aussi que je devais savoir dire que je n'allais pas bien, que j'en avais le droit.

Après plus de 4 ans de psychanalyse, j'ai compris tellement de choses sur la façon de réagir de mon entourage et sur moi aussi.

Il me manque toujours cette confiance en moi que j'ai perdue avec Sébastien.

Nicolas et Sébastien m'aidaient à avancer et maintenant, je boite un peu, mais je ne reste pas sur place.

J'ai appris à lâcher prise, à me contenter de petits bonheurs tout simples, à ne pas m'interdire de pleurer, à m'aimer un peu…

Un jour j'avais lu cette histoire réelle dans le livre de Jean-Marie BIGARD :« rire pour ne pas mourir ». Il y parlait de ce que son psychologue lui avait expliqué pour l'aider à lâcher prise :

-Savez vous comment les indigènes capturent les petits singes en forêt amazonienne ?

Ils percent un petit trou dans des noix de coco et déposent à l'intérieur un petit morceau de banane.

Puis ils les attachent dans les arbres.

Le petit singe ouvre sa petite main, la glisse dans la noix de coco et saisit le morceau de fruit…Mais sa main repliée ne passe plus dans le petit orifice et il se retrouve piégé !

Les indigènes n'ont plus qu'à l'attraper.

Ce qui est surprenant dans cette histoire c'est qu'il aurait suffit que le petit animal abandonne son butin pour avoir la vie sauve.

Je me suis rendu compte en lisant cette histoire que parfois les humains sont semblables à ces petites bêtes et ne savent pas lâcher prise au bon moment.

Rachel m'a aussi dit, lors d'une consultation cette phrase qui a fait son chemin depuis :

-Est ce que vous croyez au hasard ? Moi pas !

Vous savez, comme tout scientifique, je pense que chaque chose a une explication, mais je dois avouer que dans votre cas, je suis convaincue que notre rencontre a été voulue par Sébastien.

J'évite de parler de l'au-delà parce que je crains ce que je ne connais pas, mais Sébastien a réussi à m'ouvrir l'esprit à moi aussi.

J'ai été amusée lorsqu'elle m'a dit ça !

Sébastien était tellement présent en moi qu'elle le ressentait aussi.

Le paranormal

-Il faut laver mon honneur !

Ce sont les premiers messages post-mortem que j'ai eu de Sébastien.

Je suis, du plus loin que je me souvienne, cartésienne et très terre-à-terre.

Je ne suis pas vraiment croyante sans être complètement athée.

J'ai besoin de logique, de preuves, de démonstrations et je préfère le concret.

J'ai peur de ce que je ne peux pas expliquer et lorsque Sébastien, passionné par tout ce qui touchait de près ou de loin aux phénomènes surnaturels engageait la conversation sur le sujet, il était chaque fois refoulé d'un :

-arrête avec ces conneries-là !

Je n'étais pas très curieuse sur ce qui pouvait se passer après la mort et Sébastien me rappelait sans cesse qu'après son décès, il communiquerait avec nous.

Il n'était pas lugubre ni taciturne, il était même joyeux et entouré d'amis, mais il semblait conscient que sa vie terrestre s'arrêterait prématurément.

Il disait souvent qu'il partirait jeune .

Lorsque sa petite nièce Anaé est née en 2011, il m'a dit de profiter de cette petite merveille car il n'aurait jamais de bébé.

Après son départ, je ressentais souvent sa présence dans la maison. Il m'arrivait même parfois de sentir son odeur.

Mais je m'interdisais de croire à un quelconque signe de sa part et je survivais péniblement à sa mort.

Quatre mois après son départ, alors que j'étais au plus mal, j'ai reçu un appel d'une amie qui me parle du film Ghost. Elle me dit :

-Tu sais que ça existe ça, tu crois qu'on ne pourrait pas essayer d'avoir un message ?

-Brrr, arrête, je n'aime pas parler de ça, ça me fiche la frousse !

Quelques heures plus tard, ma mère m'a appelée et m'a parlé elle aussi de médium en disant qu'elle avait vu un documentaire sur le sujet.

-Non, mais pourquoi tu me parles de ça, c'est des charlatans ces gens-là !

Ce jour-là, j'ai eu deux autres appels de proches qui m'ont tous parlé de médiumnité !

Qu'est-ce que je devais comprendre ?

Est-ce qu'il était possible que Sébastien me pousse à aller consulter un médium ?

Non, j'étais en train de devenir folle !

J'ai donc chassé cette idée-là de ma tête pendant quelque temps.

L'hiver qui avait précédé l'accident de Sébastien, j'avais une première fois entendu parler de médiumnité.

Moi qui étais complètement novice en la matière, je confondais voyant et médium et je rangeais ces deux pratiques avec tous les gens qui profitent du malheur ou de la détresse des autres pour s'enrichir.

Nous étions Eddy et moi, en week-end chez des amis très proches en Bretagne .

Alors que nos hommes étaient partis se promener, j'étais seule à la maison avec mon amie Mireille.

Sur sa table de salon se trouvait un livre intitulé « un Médium en Bretagne »

– « Tu crois à ça toi ? » lui dis-je

– Oui

– Bof moi j'ai du mal.

Comme on attendait le retour de nos maris, curieuse, j'ai commencé à lire les premières lignes du livre.

L'auteur se nommait Alain-Joseph BELLET.

Il y racontait sa capacité à communiquer avec les défunts, les messages de sa grand-mère et il agrémentait ses dires de photos où on voyait clairement un aïeul décédé apparaître sur une photo de famille, au milieu de gens bien vivants.

Sans me rendre compte, j'avais dévoré la moitié du livre à l'arrivée des hommes et c'est presque à contre-cœur que j'ai interrompu ma lecture à leur retour.

Mireille, devant mon intérêt pour l'ouvrage, m'avoua que Mr BELLET était son cousin germain.

Lorsque j'avais raconté cette histoire à Sébastien il avait été très heureux de savoir que pour une fois, je reconnaissais que ça pouvait exister.

Aussi, après ma journée de détresse et les quatre appels qui me conseillaient la médiumnité, j'ai repensé à ce livre et j'ai cherché sur le net.

Mr BELLET avait un site et j'étais troublée par ce qu'il disait.

Il semblait si doux, si sincère…et si c'était possible ?

Et si Sébastien pouvait me dire quelque chose ?

Il y avait un formulaire de contact sur son site et j'ai cliqué.

– Bonjour, j'ai perdu mon fils de 23 ans en juillet dernier, pensez-vous que je puisse avoir un message de lui ?

Le lendemain même, j'avais une réponse où Mr BELLET m'expliquait que les contacts médiumniques avec lui ne se passaient qu'à son domicile sur rendez-vous.

J'étais un peu déçue mais rassurée : s'il avait été malhonnête, il m'aurait raconté quelques trucs « passe-partout » et m'aurait soutiré de l'argent !

Mais l'idée de contact médiumnique germait tout de même de plus en plus dans mon esprit et j'ai eu l'idée de chercher si des rendez-vous se faisaient autour de chez moi.

Sur le moteur de recherche, l'association Rémi semblait honnête. Elle se trouvait en région parisienne à 200 kilomètres de chez moi.

J'ai commencé, à échanger quelques mails avec la présidente de l'association et puis elle m'a dit qu'il serait plus simple de s'appeler.

Elle s'appelait Francine et elle avait vécu le même drame que nous : son fils Rémi avait été victime d'un accident de la circulation et était parti 4 ans plus tôt.

Elle m'a dit qu'en décembre, elle organisait une conférence médiumnique avec une grande médium.

Il fallait apporter une photo et régler un droit d'entrée à la salle d'une dizaine d'euros… pourquoi pas ?

Le jour de la conférence, je n'attendais rien, je ne savais pas vraiment ce qu'il allait se passer et j'étais plutôt sur la défensive.

Ma sœur, ma mère et Carole, une amie qui avait perdu son enfant un mois jour pour jour après le mien m'accompagnaient.

La première partie de l'après-midi se passait sous forme de conférence et j'avoue que je n'ai rien écouté.

La pression commençait à monter : si cette médium avait réellement le don d'entendre les défunts, Sébastien allait lui parler !

En seconde partie, nous devions poser les photos des défunts sur une table.

La médium prend une première photo qui représentait un homme d'une quarantaine d'année :

Elle s'adresse à son épouse :

-tu vas partir en voyage ?

-Non !

Ça commence bien ! Premier contact et elle se trompe…me pensais-je. Dommage que ce ne soit pas Seb qui parle parce que moi je partais en voyage peu de temps après.

-Pourtant il me parle d'un voyage dans les caraïbes !

-Non, je ne vais pas en voyage.

La médium semble surprise mais n'insiste pas, la dame est manifestement déçue.

Je me dis de mon côté que, comme notre voyage est prévu et que nous allons à Cuba, ça aurait été bien que mon fils parle des Caraïbes.

La médium passe à une autre photo.

Elle est bluffante, tout est juste.

L'homme en face d'elle pleure de joie, il a eu un message de sa mère.

Et parfois, sans trop comprendre, l'intervenante se trompe… chaque fois, le message aurait pu être donné par Sébastien et ce serait tombé très juste :

-Il faut que tu les portes les boucles d'oreilles !

-je n'ai pas de boucles d'oreilles, répond la dame.

Sébastien m'avait offert des boucles d'oreilles et j'hésitais à les porter de peur de les perdre.

-Arrête de repousser ton chien.

-Je n'ai pas de chien.

-Ce n'est pas possible il me le montre, c'est un gros chien noir

Mon chien est un terre-neuve et depuis l'accident de Sébastien je m'en occupe beaucoup moins.

-C'est bien que tu ailles chez le dentiste

-Ouhhh ! ça fait bien longtemps que je n'y suis pas allée !

Mais moi si, j'y allais régulièrement car Sébastien avait une sorte d'admiration pour les gens qui avaient une dentition parfaite.

Peu de temps avant son départ il m'avait conseillé de refaire mes plombages en blanc parce qu'il trouvait que la couleur grise faisait moche. J'avais donc décidé de les faire refaire en céramique.

Soudain, la médium montre la photo du fils de mon amie Carole.

Cette dernière est en pleurs, tellement soulagée : elle va avoir un message de son fils !

Il lui dit des choses merveilleuses, donne des détails pour prouver que c'est bien lui.

Carole pleure de joie et moi aussi.

Puis la médium dit :

-il me parle de Julie, c'est sa chérie ?

-Non, dit Carole, sa chérie ne se prénomme pas comme ça !

Mais la petite amie de Sébastien c'est Julie ! C'est peut-être Sébastien qui tente de dire quelque chose ?

Je prends le risque de parler :

-Julie c'est la chérie du mien.

-Ils se connaissaient vos deux fils ?

-Non.

-Alors non, je ne suis pas avec le vôtre me dit-elle, je suis avec le fils de Carole.

À ce moment-là, un énorme coup dans la porte à côté de nous fait sursauter toute la salle.

-Il y en a un qui n'est pas content ! dit la médium en souriant.

Lorsque je suis ressortie de la salle, j'étais anéantie, abattue parce que je n'avais rien eu de la part de mon gamin.

Nous avons repris la route, j'ai déposé Carole chez elle, puis ma mère, ensuite ma sœur et me trouvant seule dans la voiture, j'ai allumé la radio en pleurant.

Je n'ai pas pu reconnaître la chanson qui se terminait à ce moment précis sur les ondes mais les dernières paroles étaient :

-je serai toujours avec toi

J'ai essayé de me consoler en me disant que c'était peut-être un message de mon p'tit homme.

Je suis arrivée à la maison et j'ai dit à mon mari que c'était bien des conneries tout ça, qu'après la mort il n'y avait plus rien. J'étais désespérée.

Lorsque je me suis couchée, je suis tombée comme une masse et dans mon premier sommeil, j'ai vu le visage de Sébastien s'approcher très près du mien :

-tu n'as rien compris ! a-t-il dit sur un ton énervé.

Je me suis levée et aujourd'hui encore, je ne sais pas si c'est lui ou mon imagination qui a généré ce message.

Quelques jours plus tard, en regardant les réseaux sociaux, je lis un message de Francine la présidente de l'association qui avoue être trop malheureuse du départ de son fils et nous annonce, à mots couverts, qu'elle n'a plus vraiment envie de continuer.

Je tente de l'appeler et ça ne répond pas.

Je suis très inquiète et j'ai l'idée de regarder dans ses amis pour demander à quelqu'un de ses proches s'il a des nouvelles.

Un nom attire alors mon attention : Marie Laure PERRON – Médium .

Je me dis que si elle est médium et qu'elle connaît Francine, elle est sûrement au courant de l'état de santé de mon amie et je lui laisse un message privé pour avoir des nouvelles.

Elle me répond peu de temps après qu'effectivement, Francine venait de traverser un moment pénible et qu'elle devrait se reposer un peu.

Rassurée sur le sort de notre amie commune, je prends mon courage à deux mains et lui demande s'il était possible d'avoir une consultation téléphonique avec elle pour tenter d'avoir un contact avec mon fils.

Elle m'indique la marche à suivre.

J'envoie donc une photo et les documents demandés et j'attends le coup de fils prévu pour la semaine suivante avec une grande impatience, doublée d'une certaine appréhension.

Le jour J, devant la photo de Seb, à l'heure juste, c'est de façon déterminée que j'ai décroché quand elle a appelé.

Si cette médium a réellement une « conversation » avec mon gamin, elle devra me le prouver !

Lui et moi étions tellement proche qu'il n'est pas possible qu'elle me raconte des salades !

Sa voix était joyeuse et elle m'a immédiatement mise à l'aise.

-Ton gamin est avec toi. Il est habillé en jeans avec une chemise blanche…un col de chemise à carreaux…c'est une marque…il dit c'est comme son parfum.

La vache ! heureusement que j'étais assise.

Il avait acheté cette chemise de la célèbre marque à carreaux pour assister au mariage de son frère qui, je vous rappelle a eu lieu 4 semaines après les obsèques.

Lorsqu'il a fallu apporter des vêtements à la chambre funéraire, j'ai pensé qu'il serait beau avec cette chemise.

-Et il n'a pas de chaussures…

Mes larmes coulaient, je n'avais plus aucun doute, c'était bien Sébastien qui était avec nous.

Avant la mise en bière, la personne de l'entreprise des pompes funèbres qui avait pris les vêtements m'avait rendu ses chaussures en m'indiquant que son pied droit était cassé et qu'on ne pourrait pas les lui mettre.

Seul le personnel de la chambre funéraire savait pour les chaussures. Je n'avais pas souhaité en parler.

Puis, Marie-Laure m'a donné d'autres détails pour être certaine que les messages venaient bien de lui.

À un moment de la conversation elle me dit :

-Il dit « c'était pourtant beau les ailes dans le dos ».

Je ne comprenais pas bien ce qu'elle me disait et je pensais en souriant que je savais bien que mon fils était un bon gamin , mais qu'il n'était tout de même pas un ange !

Elle rajouta :

-Demande à sa chérie.

C'est ce que j'ai fait le jour même et Julie m'a envoyé un dessin que Sébastien avait fait deux jours avant l'accident.

Il était doué en dessin il lui avait parlé de son désir de se faire tatouer sa création dans le dos.

Le dessin représentait des ailes…

Lorsque j'ai été rassurée, il me parla de l'accident.

Nous étions en décembre 2012, et le rapport d'accident n'était pas édité. Je ne savais pas, à ce moment-là quelles seraient les conclusions des enquêteurs.

Apparemment lui était au courant car il insistait :

-c'est pas moi M'man, je suis pas un nanard, c'est l'autre qui a déboîté ! Il faut laver mon honneur ! ça ne s'est pas passé comme ils disent !

Mais pour le moment ils ne disaient rien !

Je reconnaissais bien mon fils et son caractère déterminé, haïssant l'injustice et les gens qui fuient leurs responsabilités.

Mais que pouvais-je faire ? Aller voir les gendarmes et leur dire que mon fils venait de me contacter en médiumnité ? Leur expliquer qu'on avait du nouveau ?

Ils m'auraient certainement prise pour une folle et j'aurais compris.

Mais qu'entendait-il par « déboîté » ?

Je n'ai rien fait jusqu'à la réception du PV d'accident, mais quand j'ai lu qu'aucun témoin n'avait été entendu, je n'ai pas pu laisser faire.

L'utilisation des réseaux sociaux peut avoir des dérives mais me concernant, elle a été très utile.

Forte de ce que m'avait dit Marie Laure, j'ai décidé de lancer un appel à témoin sur le net.

Les gendarmes me parlaient de témoignages et il n'y en avait aucun dans le dossier.

Je voulais savoir.

Mes fils étaient tous les deux conducteurs de poids lourds et les chauffeurs entre eux sont en général très solidaires.

La publication a été partagée en grand nombre par les amis routiers et une heure plus tard, je recevais un message d'un copain de mon fils qui travaillait dans un silo.

Il m'expliquait qu'un chauffeur avait vu mon article et lui avait dit avoir assisté à l'accident.

J'ai dit à l'ami de Sébastien de lui donner mon numéro et quelques instants après, le témoin m'appelait.

Ce monsieur m'a raconté qu'il se trouvait juste derrière le camion, qu'il a été dépassé par Sébastien, et qu'au moment où mon fils allait arriver à la hauteur du camion roumain, ce dernier s'est déporté sur la gauche et le choc a été inévitable.

Il dit que personne n'arrivait en face, que le chauffeur roumain est descendu du camion, puis est remonté dedans pour remettre son ensemble bien à droite une trentaine de mètres plus loin, pour ne pas gêner la circulation. Le corps de Sébastien était au milieu de la chaussée et des personnes l'ont tiré vers l'accotement droit et lui ont retiré son casque !

La phrase de mon fils résonnait dans ma tête :

-Ce n'est pas moi M'man, il a déboîté le mec !

J'avais, d'une part, la preuve que mon fils avait dit vrai, et d'autre part la certitude que la médiumnité n'était pas une supercherie.

J'ai eu ce monsieur au téléphone en mars 2013, et il a déposé son témoignage en janvier 2014 seulement.

Entre temps, je m'étais familiarisée avec les phénomènes paranormaux, et bien que très prudente, je m'intéressais beaucoup plus à la communication avec l'au-delà, poussée par mon gamin qui parfois y mettait tout son cœur.

Je me rendais parfois dans les associations des régions voisines pour assister à des contacts en salle, mais je ne prenais pas de consultation privée.

Je n'avais confiance qu'en Marie-Laure, que je tenais informée régulièrement de l'avancement de mon enquête parallèle sur les causes et les responsabilités de l'accident.

Je ne prenais pas tout et n'importe quoi pour un signe et chaque fois que quelque chose d'étrange se passait, je lançais encore un :

-c'est une drôle de coïncidence !

Un jour, je devrais d'ailleurs dire un mauvais jour, j'étais postée devant sa photo et je me suis surprise à dire à Sébastien : Allez Seb, fais-moi un clin d'œil, fais quelque chose !

Je l'implorais mais ne vous attendez pas à de la sorcellerie ou à m'entendre vous raconter des histoires de meubles qui bougent ou d'objet qui se déplacent !

Toujours est-il qu'à la minute de ma demande, Marie- Laure m'envoyait un message et quand je l'ai ouvert j'ai pu lire un petit smiley clin d'œil.

Mon fils m'avait entendu.

Une autre fois je discutais avec une amie des messages que les médiums pouvaient délivrer lors de contacts et je lui dis :

-Moi je n'entends rien, j'aimerais bien ! Je ne sais même pas s'il m'entend !

La sonnerie de mon téléphone nous interrompt et je lis le message que Marie Laure m'a écrit :

-Il dit « je ne suis pas sourd » ! Bisou.

Ouah, quel bonheur ! Chaque fois que j'en ai besoin il est là, chaque fois que je doute il me rassure.

J'ai aussi de nombreux signes de lui par l'informatique, des photos qui s'installent toutes seules en fond d'écran, des programmes qui s'ouvrent sur une de ses vidéos, des bruits bizarres.

Je pense que Sébastien découvre comment communiquer avec la technologie.

Je ne suis pas encore totalement à l'aise avec tout cela, mais je n'en ai plus peur.

Aussi lorsque Marie Laure m'annonce qu'elle viendra en juin 2013, pour intervenir au sein d'une association à Dijon, je suis enchantée : Dijon n'est qu'à 150 kilomètres de chez moi. C'est sûr, j'y serai !

Lorsque je demande à Eddy mon mari, s'il souhaite m'accompagner, nous sommes en pleine coupure d'électricité depuis presque une heure.

Quand il me répond qu'il ne sait pas trop, la lampe d'ambiance multicolore qui appartenait à

Sébastien, et que nous avons posée à côté du canapé s'allume et change 3 fois de couleur puis s'éteint.

-Qu'est-ce que tu as fait avec la télécommande ? me dit-il

-Rien, elle est sur la table ! C'est peut-être une petite hausse de tension, le courant est revenu un instant et ça a allumé la lampe ?

-Et seulement la lampe ?

Il est vrai qu'il était difficile d'expliquer que seule cette lampe aurait été touchée par un éventuel retour, même furtif, de l'électricité, alors qu'habituellement, c'est le four à micro-ondes qui émet un petit son en pareilles circonstances. Et pour le coup aucun son ne nous était venu aux oreilles.

Par le fait, mon mari, pensant que Sébastien avait réagi à sa réticence à m'accompagner à Dijon, accepta de venir avec moi avec un petit sourire entendu.

Il préféra, par contre faire le trajet seul à moto, au cas où il se sentirait mal à l'aise et désirerait rentrer avant moi.

Nous avons échangé longuement avec Marie Laure à notre arrivée et elle lui a transmis quelques petits messages qui l'ont rassuré.

En première partie, un couple de spécialiste devait nous parler de la TCI (Trans Communication Instrumentale)

Il s'agissait d'enregistrer à l'aide d'un micro puissant et d'un bruit de fond, et de réécouter ensuite pour entendre les voix de l'au-delà.

J'étais très intéressée parce que c'était tout à fait le côté concret qui me convenait : une voix qui « surgirait » de nulle part sur un enregistrement me prouverait, au moins, que tout cela était bien vrai.

Pendant que l'homme réglait ses appareils, sa femme installait un énorme micro.

Comme je les regardais tous les deux ils engagèrent la conversation :

-Ça vous intéresse, ? vous avez déjà assisté à une séance de TCI ?

-Non mais je suis sûre que si mon fils doit communiquer directement avec moi, c'est comme ça qu'il s'y prendra !

-On va faire des tests pour tester le matériel, voulez-vous qu'on lui demande de parler ?

Alors c'était si simple que ça ? On installait un micro et on demandait à un défunt de parler ?

J'avais de gros doutes, mais je me surpris à répondre par l'affirmative.

La dame prit alors le micro et prononça ces paroles, entrecoupées de quelques secondes :

-Noémie c'est Maman, est ce que tu m'entends ?

-…

-Est ce que tu as un « Sébastien » avec toi ? …

-…

-Nathalie est là

-…

Elle s'arrêta de parler et m'expliqua que les questions doivent être brèves, tandis que l'enregistrement qui suit ne doit pas dépasser 30 secondes.

Puis le mari remit le curseur au point d'enregistrement.

J'étais un peu fébrile et telle ne fut pas ma surprise à l'écoute de la bande !

-Noémie est ce que tu m'entends ?

-Oui toujours avec toi

Est-ce que tu as un « Sébastien » avec toi ?

-Seb, c'est pour toi !

Et une autre voix :

-Eh Nathalie c'est ma mère !

J'étais stupéfaite ! Ce n'était pas la voix de Sébastien mais l'intonation était là, et j'étais d'autant plus surprise que nous n'avions mis aucun bruit de fond.

La terre-à-terre que j'étais a, en vain, essayé de trouver une explication rationnelle mais comment expliquer cela ?

Je venais de recevoir mon premier message en TCI.

Eddy n'était pas dans la salle au moment du test et lorsque je lui ai raconté, il m'a dit qu'il était très impressionné et qu'il préférait rentrer .

Je suis donc restée seule pendant la première partie et le couple a fait, en public cette fois, et avec une fréquence radio en bruit de fond, plusieurs enregistrements dont l'un disait ceci :

-Maman, Nathalie, c'est Seb, je t'aime.

Il y avait plusieurs mamans dans la salle et mon fils avait donc précisé mon prénom et le sien !

Je pleurais de joie et Marie-Laure, qui était venue s'asseoir à côté de moi, était aussi émue que moi. Nous avons promis de tenter l'expérience toutes les deux un de ces jours mais, à l'heure où je raconte, les seuls messages vocaux que Sébastien nous a transmis sont arrivés sur la messagerie de Marie-Laure et lorsqu'on ne s'y attendait pas. De retour à la maison, j'ai éprouvé le besoin de me rendre au cimetière et c'est d'un pas léger que je me suis dirigée vers la tombe de mon fils.

Quelques mètres plus loin, un couple de parents était en train de nettoyer la pierre tombale de leur fils, parti quelques années plus tôt à l'âge de 32 ans.

La maman, que je ne connaissais que de vue, vint à côté de moi.

Je commençai à lui parler :

-comment vous vous en sortez ?

-Mal, je n'arrive pas à vivre sans lui

-Oui c'est dur ! on a l'impression qu'ils sont là. Vous ressentez sa présence vous ?

-Non me dit la maman, je ne sens rien.

Et l'homme qui revenait avec son arrosoir dit :

-Moi j'en ai des signes de Coco.

-Tu en as ? dit sa femme

-Oui parfois je vois des ombres ou je sens un parfum.

Me laissant complètement de côté, le couple repartit vers son véhicule en discutant et me laissa seule devant la tombe de mon fils.

C'est à ce moment-là que j'ai réalisé que je pouvais aider les autres : le simple fait d'engager la discussion avait permis à ces deux-là de communiquer sur le sujet et j'étais satisfaite.

Nous étions en juin 2013 . Et si je créais une association pour Sébastien ?

L'idée germait dans ma tête, mais je n'osais pas.

J'étais encore très réticente.

Les gens allaient me prendre pour une folle.

Est-ce que tout ce qui m'arrive depuis le départ de Sébastien ne sont pas de bonnes grosses coïncidences ?

J'avais aidé un couple, d'accord !

Mais est-ce que cela suffisait pour que je me prenne pour la « Sauveuse » ?

Il m'a fallu encore six longs mois et une multitude de signes de mon fils pour que je me décide enfin à comprendre.

Les signes et les messages

Comme vous avez pu le deviner, juste après le départ de Sébastien, nous avons reçu plusieurs signes de sa présence à nos côtés. Mais lorsqu'on souffre autant après un tel drame, il est très difficile de faire la part des choses entre la réalité et le désir ardent de savoir qu'il pourrait encore être là.

Je pensais parfois que mon imagination me jouait des tours et avec beaucoup d'efforts, j'arrivais de temps à autre à me convaincre que l'explication approximative que je parvenais à trouver à tel ou tel signe était bien la bonne.

Pourtant, à de nombreuses occasions, j'avais beau chercher, il n'y avait aucune explication possible !

En voici quelques exemples

Parfois et même souvent, il y a eu les rencontres programmées, comme je les appelle.

Ce sont des gens qui maintenant font partie de ma vie et qui y sont entrés par un « grand hasard » et surtout toujours au bon moment, pour eux ou pour moi.

Un de ces matins moroses, j'arrive au bureau avec le moral au plus bas.

Me voyant triste, ma collègue me suggère de faire un tour en ville pendant midi ou d'aller me faire chouchouter chez le coiffeur.

Je décide d'aller dans une enseigne habituellement chère, mais pour laquelle nous avions un bon de réduction grâce à un partenariat d'entreprise.

La coiffeuse m'accueille et nous discutons de tout et de rien lorsqu'elle me dit :

-Vous avez des yeux d'une jolie couleur, vous devriez les souligner un peu.

-Oh vous savez, c'est inutile, je pleure tellement souvent.

-Ah bon, que vous arrive-t-il ?

Je lui raconte donc le décès de Sébastien et les circonstances de l'accident.

-où habitait-il ? me demanda-t-elle.

-à Sauvage, dans la Marne.

-C'est bizarre, mon meilleur ami habitait ce village aussi et il est mort à moto aussi !

-Il s'appelait Sébastien ?

-Non Nicolas. Et sa maman n'avait que lui alors elle a un mal fou à s'en relever. J'ai peur pour elle, me dit-elle. Est-ce que vous pourriez l'appeler ?

J'avais entendu parler de ce jeune homme et de son accident deux semaines après celui de mon fils. Ça m'avait troublée parce qu'il habitait effectivement le même village que Sébastien. Mais qu'est-ce que je pourrais bien lui dire à cette maman si je l'appelais ?

J'acceptai de prendre ses coordonnées et Fanny, la petite coiffeuse me tendit donc une carte du salon ou elle avait inscrit le numéro de téléphone de Line, cette maman.

Quelques semaines plus tard, je me rendis chez un fleuriste et au moment de régler, la petite carte glissa de mon sac.

En revenant je décidai donc de composer le numéro de Line.

Elle ne répondit pas et je laissai ce message :

« Bonjour, je suis la maman de Sébastien qui est décédé d'un accident de moto. Il habitait le même village que votre fils et j'ai su pour Nicolas. J'aimerais qu'on discute un peu, je ne sais pas trop quoi vous dire »

Une dizaine de minutes après elle me rappela.

Nous n'avons eu aucun mal à parler Line et moi, parce que notre douleur était la même, parce que ces mots maladroits que certains nous prononçaient n'étaient pas dans la conversation. Parce que nous n'avions pas besoin de tricher ni de mentir.

Notre bavardage a duré une bonne heure et c'est avec le sourire que nous avons raccroché.

Le lendemain, elle m'envoya un message qui résonne encore :

« Nathalie, je voulais te dire qu'au moment où tu m'as téléphoné hier je n'allais pas bien du tout. Tu n'es pas entrée dans ma vie par hasard, et on ne se quittera plus ! »

Line est devenue mon amie et en effet, nous sommes très proches.

Je suis convaincue que quelque chose ou quelqu'un nous a poussées, elle et moi, à nous parler et que le hasard n'a pas grand chose à faire dans cette rencontre.

Elle me surnomme « sa petite sœur de cœur » et nous nous appelons souvent.

Parfois les signes peuvent être des suggestions ou des messages qu'il faut comprendre.

Durant nos différents voyages, nous avons pu le vérifier.

Quelques mois après l'accident, nous sommes allés à Cuba pendant la période des fêtes.

Il y avait deux raisons à envisager un voyage à Cuba :

D'abord il était hors de question de continuer à fêter Noël avec les mêmes personnes qu'avant parce que cette chaise vide me remplissait de tristesse.

Ensuite, sur le choix de la destination, Cuba offrait un climat ensoleillé à cette période et nous devions faire 3 jours au bord de la mer des Caraïbes.

C'était ainsi que Sébastien m'appelait lorsqu'il était petit : « ma petite maman des caraïbes »

Alors le choix de la destination s'est imposé à nous rapidement.

Nous ne connaissions pas les us et coutumes des habitants mais leur ouverture d'esprit m'a nettement aidée.

Le rapport à la mort est pour les Cubains, bien différent de celui des Européens.

Chaque geste est dédié à un défunt et c'est tout naturellement que quelqu'un qui ouvre une bouteille de rhum, verse les premières gouttes sur le sol pour honorer son cher disparu.

Ça m'amusait et il va sans dire que j'ai arrosé copieusement le hall de notre hôtel à chaque verre !

J'avais confié à notre jeune guide, Franck, que mon fils était parti seulement 5 mois plus tôt, et qu'il ne prenne pas ombrage si parfois je ne m'amusais pas.

Lors de la visite d'un site historique, nous passions à table et Eddy était assis en face de moi.

Le matin, Franck avait évoqué le Colibri, cet animal, mi- oiseau, mi- insecte, qu'il était très rare de rencontrer .

Il nous avait dit que lorsqu'un Cubain apercevait un Colibri, il y voyait un message de son défunt.

Soudain, derrière la tête de mon mari, un mouvement furtif attira mon regard.

Une petite bestiole agitait frénétiquement ses petites ailes et faisait du sur-place au-dessus de lui !

Franck, tout en douceur s'approcha de mon épaule et me dit :

-Regarde, c'est ton fils, il est venu vous faire un petit coucou.

Nous étions très émus Eddy et moi et je suis sûre maintenant que je n'ai pas choisi cette destination par hasard.

Il me fallait une approche naturelle aux signes de l'au-delà et la survivance de l'âme fait partie de la culture cubaine.

L'été suivant, quelle ne fut pas ma surprise de voir sur la tombe de Sébastien, un oiseau-mouche butiner les fleurs.

Oh bien sûr, les cartésiens dont je faisais partie avant, pourront dire que ce n'est pas un signe, parce qu'on voit souvent de ce type d'insecte sur les fleurs en été !

N'empêche que celui-là était sur les fleurs de mon fils à l'heure exacte où je me suis rendue au cimetière.

Fin 2014, j'ai reçu un appel de mon amie Mireille, la Bretonne et cousine d'Alain Joseph BELLET dont le livre m'avait tant troublé avant le départ de Sébastien.

Ce monsieur intervenait à Brest en décembre et elle souhaitait assister à sa prestation.

Elle me demandait de l'y accompagner.

La Champagne6Ardennes ce n'est pas tout proche de Brest, mais, après des heures de train, je suis arrivée chez Mireille.

Quel homme ce médium !

Alain-Joseph, une « baraque » comme on dit chez nous, une stature imposante, un regard doux, des gestes rapides et incontrôlés. Lorsqu'on le voit pour la première fois, on peut légitimement penser qu'il est fou.

Sa main part en tourniquet, son doigt cherche quelqu'un parmi les 120 personnes qui le regardent ébahis .
Et soudain, il pointe du doigt une dame, lui dit son prénom, et repart vers la table « va chercher la photo! » Et il prend LA photo. Pas une autre, non ! Celle-là !

Il raconte ce qu'il entend, très vite, de manière décousue. Faut suivre !

Et puis il se redresse, il dit « maman, vroum, vroum » il accélère. Il se dirige vers le fond de la salle. Il dit « il me manque mon frère, et je lui manque aussi » Il revient vers moi, me pointe du doigt, et dit « tu le sais toi que je lui manque ». Alain Joseph fait le geste de retirer son casque, met des lunettes imaginaires sur sa tête, pose ses mains sur ses poches de jeans et avance avec la démarche « beau-gosse » de Seb.

Je pleure de joie et d'émotion de voir mon gamin. Il me dit qu'on a le même chemin tous les deux, que c'est son association, qu'il est content.

Il me parle de l'accident. Il me voit pleurer dans sa chambre, me répète ce que j'ai crié à son frère Nicolas au téléphone.

Et puis il reparle de cette entente, des deux caractères différents et tellement complices. Et de nouveau l'accident : « j'étais cassé de partout M'man, ça servait plus à rien ».

Alain-joseph fait des massages cardiaques. « Je suis bien, c'était mon heure, je n'étais pas venu pour vivre vieux ».

« Maintenant je fais ce que je veux, parfois je me repose, comme avant avec ma chienne ».

Il revient encore sur l'accident : « il a été gêné le mec ! Il parle vite, je comprends rien, ce n'est pas du français ! » (Allusion au chauffeur routier roumain qui lui a déboîté devant la moto).

Et puis, on repart en arrière, il évoque les souvenirs avec Nicolas, il dit « On n'a pas eu de père ! Mais on en a eu un autre, un Italien avec pleins de vieilles bagnoles » ! Je suis abasourdie. Et Seb ne veut pas s'arrêter, il dit « c'est bon, j'ai pas fini, elle vient de loin ma mère »

Il s'écrie : « la lumière du couloir ! »

Je suis tellement heureuse et surprise en même temps.

Chaque fois que les enfants montaient dans leurs chambres, ils oubliaient d'éteindre cette fichue lumière et c'est des dizaines de fois que je leur ordonnais d'éteindre cette « lumière du couloir ».

Il dit aussi : « à table, à table, à table ! »

J'éclate de rire et mes larmes coulent toutes seules.

C'était un jeu entre les enfants et moi cette phrase.

Lorsqu'Eddy bricolait dans le garage, j'avais un mal fou à le faire revenir à la maison pour manger.

Alors j'ouvrais la porte de la cuisine et criais :

« À table » une première fois.

Et souvent, c'est après un troisième appel qu'on voyait Eddy revenir l'air de rien.

Donc, j'avais pris l'habitude de dire :

« À table, à table, à table… Voilà, comme ça je suis tranquille, je lui ai dit 3 fois »

Ça faisait bien rire les enfants et nous aussi.

Alors quand Alain Joseph a dit ça, j'ai pensé que mon gamin avait gardé son caractère marrant et moqueur et j'étais heureuse.

Après ce joli message, Alain pose le micro, et formé un gros cœur avec ses deux mains comme la photo qui est sur ma tablette.

Et puis il va chercher sa photo sur la table et dit « pourquoi tu n'as pas pris celle du cadre ? » (c'est la même, sauf que celle du cadre est en noir et blanc, et Seb n'aimait pas trop ses reflets roux.)

Il termine par : « merci maman, elle est sympa Laure ! »

Et là, je ne sais pas s'il parle de Laura, la secrétaire de l'association ou de Marie-Laure, notre marraine.

Merci Mr Alain-Joseph BELLET, parce que le doute n'est plus possible après un message comme celui-là.

Et merci p'tit homme de m'avoir fait un si beau cadeau.

Parfois les signes sont là aussi pour nous guider.

Souvenez-vous qu'après la réception du procès-verbal de l'enquête d'accident, j'avais pris la décision de faire une recherche parallèle, pour faire éclater la vérité.

Une des erreurs de ce document portait sur le lieu exact de l'accident.

En effet, lorsque j'avais dit à mon fils Nicolas qu'à l'endroit du drame, les gendarmes indiquaient une chaussée en très bon état, il s'était énervé en me certifiant que la route était « complètement défoncée ».

Avec ma sœur, je décidai donc de me rendre sur les lieux, dans le but de prendre une photo du bitume.

Nicolas m'avait dit qu'un signe peint en forme de croix était encore visible et que je l'appelle quand j'y serai.

Arrivées sur place, ma sœur et moi, avant de déranger Nicolas, avons parcouru dans les deux sens les quelques centaines de mètres des accotements en scrutant le revêtement à la recherche de la fameuse croix.

Mais pas de peinture !

Alors nous avons appelé Nicolas et il nous a dit :

-Vous allez penser que je suis dingue mais à la hauteur du point d'impact, il y a un buisson de fleurs bleues qui a poussé.

Nous avons levé la tête et à quelques pas de nous, tout au bord de la chaussée, il y avait des fleurs sauvages qui se distinguaient du reste de l'accotement ; elles étaient bleues.

À la perpendiculaire de ces fleurs nous avons retrouvé le marquage.

La chaussée était à cet endroit un vrai Patchwork et ce n'était que trous et bosses sur une dizaine de mètres.

Outre le fait que nous pouvions maintenant apporter la preuve que l'enquête ne disait pas strictement la vérité, c'est ce bouquet de fleurs, poussé là comme pour nous indiquer le lieu qui nous a le plus attendri.

Les messages ou les signes les plus impressionnants sont passés par l'ordinateur ou le téléphone portable.

Sébastien était curieux des nouvelles technologies et il a réussi, depuis son départ, à nous surprendre plus d'une fois !

La toute première surprise arriva après une panne d'ordinateur.

Après avoir récupéré la tour chez le réparateur, je m'empressai de réinstaller le tout dans le bureau et à l'allumage de l'écran, le fond d'écran d'origine avait disparu.

À sa place, j'ai eu un frisson en voyant la photo de Sébastien, coiffé de son casque, et me faisant le signe « V » du motard avec son index et son majeur.

Je ne me souvenais plus de cette photo et je me souvenais encore moins l'avoir stockée un jour dans mes images.

Je m'expliquais encore moins comment ce cliché, venu de nulle part, avait pu se retrouver en fond d'écran.

Il arrive aussi que Sébastien utilise les téléphones pour communiquer.

Parce que c'est bien de communication dont il s'agit !

Le jour de l'anniversaire de son départ, Marie-Laure eut la surprise de recevoir un message vocal sur son téléphone fixe.

Elle ne consulte que rarement son répondeur et en rentrant chez elle ce 23 juillet, elle est attirée par un texte apparaissant sur son téléphone.

Il est noté qu'un message vocal a été reçu à ce 23 juillet à 18H08.

Lorsqu'elle l'écoute elle entend un bruissement et puis : « Confiance »...

Le numéro est une suite incalculable de chiffres et bien sûr cela ne correspond à aucun abonné existant.

Elle s'est empressée de m'appeler et je lui ai appris que 18H08 était l'heure a laquelle l'acte de décès avait été signé par le médecin.

Nous avions essayé plusieurs fois et en vain, d'enregistrer des hypothétiques réponses à nos questions et ce jour-là, ce mot « confiance » signifiait sans doute qu'il fallait persévérer.

Marie-Laure en tous cas, était très fière de pouvoir me faire entendre un mot de mon fils parce que, comme elle aimait à le rappeler, elle l'entendait mais pas moi !

Sur mon téléphone portable j'ai eu la chance d'avoir moi aussi un signe troublant.

Marianne, la fille d'Eddy, m'envoie un SMS un soir pour me prévenir que Forest Gump passait à la télé à 21H.

Ce film était un des préférés de mon fils et le jour de ses obsèques, c'est son générique que nous avions choisi de passer pour l'entrée du cercueil dans l'église.

Aussi, bien que j'aime énormément ce film, j'ai depuis beaucoup de mal à le regarder et à écouter cette musique.

Je réponds donc à Marianne que ça me fait encore trop mal et que je ne vais pas regarder.

Je monte dans ma chambre et je m'allonge sur le lit.

Mon téléphone est posé sur la table de chevet.

Puis je me relève pour ouvrir la fenêtre et, au moment de me poser à nouveau sur le lit, j'entends la musique de Forest Gump.

Pendant quelques secondes je pense que mon mari a décidé de regarder ce film à la télé mais une lumière sur le côté attire mon attention :

Mon téléphone est allumé et il joue le générique du film !

Je me souviens avoir saisi le téléphone et être descendu montrer mon portable à mon mari :

-regarde il s'est allumé tout seul !

Ça me faisait tellement de bien quand je sentais la présence de Sébastien comme ça !

Bien sûr la musique était téléchargée dans mon portable, avec plusieurs autres chansons, mais comment expliquer que ce soit celle-là et à ce moment précis que le téléphone se mette à jouer ?

Sébastien a, ensuite, utilisé les capacités médiumniques des médiums en qui il avait confiance, pour me faire passer des messages destinés à me relever lorsque je m'effondrais, ou simplement à me signifier qu'il était avec moi.

Un matin triste comme il en existe encore parfois, je n'arrivais pas à contenir mes larmes au travail, et Magali, ma collègue et amie me dit de venir un peu prendre l'air avec elle.

J'accepte et en descendant l'escalier qui nous mène à la cour du bâtiment, je reçois un appel de Chantal, une des médiums que j'invite régulièrement pour intervenir au sein de l'Association.

La petite cour est entourée d'un mur d'environ 1m50 de haut et donne sur une rue très passante.

Chantal me dit qu'elle est entre deux rendez-vous, mais que Sébastien l'implorait de m'appeler parce que je n'allais pas bien.

Elle se tait un moment, et alors qu'elle ne sait pas où je me trouve, elle change d'intonation et prend une voix plus grave pour me dire :

-regarde de l'autre côté du mur…Tu vois les trois camions rouges ? M'man, je suis là ! tu vois que c'est pas des conneries !

Et de l'autre côté du mur, trois véhicules de pompiers sont arrêtés le long du trottoir.

Quel magnifique message ! Sans pour autant sauter de joie après cette conversation avec Chantal, j'étais rassurée.

Chantal fut d'ailleurs sollicitée une autre fois par mon fils.

Pour Noël 2015, toujours désireux de fuir la période festive, nous avions projeté de nous rendre aux états unis.

C'était le rêve de Sébastien de se rendre aux USA et c'est un peu pour lui qu'on avait envie de faire ce voyage.

Dès notre arrivée à Los Angeles, nous avons eu un joli signe de Sébastien.

Sa chienne se nommait Saleen.

Un jour que je lui avais demandé par SMS comment allait Saline, il avait immédiatement corrigé l'orthographe :

-Saleen est un modèle de mustang et c'est pour ça que ça s'écrit comme ça.

Et donc à la sortie de l'aéroport, alors que nous nous apprêtions à monter dans le car qui allait nous faire visiter cet immense pays, mon mari s'écria :

-regarde, une Saleen !

Juste devant nous passait cette voiture dont on avait tant entendu parler.

Ouah ! nous venions à peine de poser les pieds sur le sol américain ! Quel beau signe ! D'autant que c'est l'unique fois du séjour où on en a croisé une , malgré les kilomètres parcourus.

Quelques jours plus tard, nous étions arrêtés et je décidai de prendre en photo le logo de la compagnie d'autocar.

Le cliché à peine pris, je reçus ce magnifique message de Chantal :

-Bonne fête de fin d'année ma petite Nathalie. Seb est avec toi, il dit qu'il y a une histoire d'aigle dans tout ça. Incroyable ! La compagnie d'autocar était « Eagle-tour » et le logo que je venais de prendre en photo représentait une tête d'aigle !

L'association

Lorsque j'avais cherché dans ma région, une association qui me permettrait d'assister à des conférences avec contacts médiumniques, j'avais dû me rendre à l'évidence : il n'en existait pas !

Tous les messages de Sébastien, toutes ces « coïncidences » qui n'en étaient pas, tous ses signes, m'avaient convaincue qu'il existe une autre vie après la vie terrestre et que les énergies d'un corps continuent de vivre sans son enveloppe charnelle.

J'avais encore un peu de réticence à parler de mes toutes nouvelles croyances.

Je redoutais le regard des autres et j'avais encore tellement peur qu'on me prenne pour une folle.

Pourtant, c'est bien grâce à la médiumnité que j'avais pu connaître la vérité sur les circonstances de l'accident de mon fils.

C'était bien lui qui avait insisté pour que j'accepte, un tant soit peu sa façon de penser sur l'au-delà.

L'aide que j'avais pu apporter à ce couple au cimetière et celle qui avait permis à mon amie Line de continuer sans son enfant avaient été comme un déclic pour moi : je devais aider les autres.

J'ai longtemps pesé le pour et le contre.

J'avais moi-même perdu un enfant alors je devais me protéger. Mon altruisme ne devait pas m'enfoncer et je ne devais en aucun cas éponger leurs larmes, mais au contraire les essuyer.

Je devais être assez forte pour ne pas sombrer en voulant aider les autres.

Je ne pouvais rien faire sans l'aval de mes proches, car ils seraient mon armure.

Les premières personnes à qui j'en ai parlé sont mon mari, mon fils et Marie-Laure.

Eddy a été tout de suite conquis par cette idée.

Il me connaissait bien et savait que cette association allait me permettre de me sentir utile et d'avancer.

Nicolas, quant à lui a été plus réticent, car il était inquiet.

Il craignait que le peu de force qui me reste ne suffise pas à porter un tel projet.

Il connaissait aussi ma grande sensibilité et avait peur que la tristesse des autres ne m'atteigne.

Marie-Laure, de son côté, m'a vivement encouragée, se proposant même d'être la marraine de cœur de cette future association.

Lorsque j'étais petite, j'étais fan des livres de SEMPE et GOSCINNY « Le petit Nicolas » et de la série télévisée « Belle et Sébastien ».

C'est d'ailleurs ce qui explique en partie le choix des prénoms de mes deux fils.

Nous étions fin décembre 2013 et au cinéma sortait le film tiré du feuilleton télévisé de mon enfance « Belle et Sébastien ».

Je devais trouver un nom à l'association et j'aimais l'idée que ce nom se rapproche à ce titre .

Dans le même temps, Marianne avait acheté un pull avec des ailes dans le dos, ce qui me fit immédiatement penser au premier contact de mon fils par l'intermédiaire de Marie-Laure.

Belle et Sébastien…les ailes de Sébastien… j'avais trouvé ce serait :

« Association Ailes & Sébastien » !

Nous avions l'idée, le nom, et même une marraine et nous nous sommes lancés.

L'association a été enregistré en décembre 2013 et j'en suis devenue la présidente.

Le plus difficile maintenant allait être de se faire connaître, de trouver des adhérents et surtout des intervenants.

Comme vous le savez maintenant, j'avais, avant le départ de Sébastien, un esprit très fermé et, pour moi, les médiums et voyants étaient des charlatans prêts à s'enrichir en abusant de la crédulité des personnes vulnérables.

Maintenant que j'avais une vision un peu plus tolérante de ces personnes il me fallait quand même être prudente.

Mon but était de venir en aide aux personnes endeuillées et non pas les détruire.

J'ai visité plusieurs sites de médiums qui intervenaient pour d'autres associations et je me suis fiée à mon instinct.

J'avais envie de prendre mon temps pour être certaine de ne pas me tromper.

Les médiums de qualité sont extrêmement sollicités et je ne devais pas non plus trop tarder.

Marie-Laure exerce en Gironde et elle est mère de famille.

Elle privilégie les consultations privées en cabinet ou par téléphone, ce qui lui permet de ne pas trop parcourir la France pour venir dans les associations.

Elle avait déjà quelques dates programmées en 2014, mais elle proposa de venir chez nous quand même.

Elle avait demandé à une association Toulousaine, l'association source de vie, de venir chez nous et tout ce petit monde devait venir en juin 2014.

La première conférence devait se tenir en mars, avec une toute jeune médium qui avait attiré mon attention sur internet : elle se prénommait Marie Angélique. Elle avait l'air tellement vraie, tellement lumineuse !

Lorsque je l'avais contactée, elle avait souhaité réfléchir.

Elle hésitait à parcourir les routes durant les week-ends parce qu'elle était jeune maman et désirait ne pas se laisser déborder par son activité professionnelle au détriment de sa présence avec ses petits.

Durant notre conversation pourtant, alors que nous n'avions pas parlé de Sébastien, elle marqua un temps de silence puis me dit :

-il était motard ton fils ?

-Oui.

-Il se montre à moi au guidon de sa moto, il soulève sa visière et me fait un clin d'œil… il me dit « Allez, viens ! »

Oh le regard bleu qu'il a ! Il est irrésistible, OK je viendrai !

Nous avions notre première intervenante !

Nous avions déjà une vingtaine d'adhérents et seulement deux conférences prévues.

C'est alors que Marie Laure m'envoya un message pour me demander s'il risquait d'y avoir de la neige en janvier chez nous.

Je lui répondis sur le ton de l'humour que je n'étais pas voyante et que je ne pouvais pas savoir.

Elle me dit qu'elle tenait à faire la toute première réunion de l'association et était libre en janvier.

Janvier ? ça faisait court pour organiser ! Mais j'acceptai car moi aussi je voulais qu'elle vienne pour cette première.

Je publiai donc l'info sur les réseaux sociaux, contactai les tout nouveaux adhérents par mail et l'affaire était lancée.

Nous avons eu la chance d'accueillir des intervenants de qualité qui ont largement contribué à faire connaître notre association.

C'était toujours moi qui contactais les personnes que je désirais inviter et je rejetais systématiquement les médiums qui me demandaient de venir .

Depuis le début de l'aventure, je ne me suis trompée qu'une seule fois et encore…

J'ai été alertée par Sébastien dès l'arrivée de cette personne à la maison.

La conférence était prévue l'après-midi, il est arrivé le matin, accompagné de son épouse.

Alors que nous partagions le repas à la maison il me dit :

-tu veux un message de ton fils ? tu as une photo ?

La question me surprit un peu : quelle mère ne voudrait pas de message de son fils ?

Je lui donnai la photo et il eut un air gêné :

-il dit « je ne veux pas te parler ! »

Sébastien ne voulait pas me parler ? mais pourquoi ? Cela ne lui ressemblait tellement pas que ça me parut bizarre et ne me troubla pas outre mesure.

Les intervenants sont bénévoles et l'association prend en charge leurs frais (route, hébergement et restauration).

La conférence s'est extrêmement bien passée et les messages ont été de qualité.

Pourtant, à aucun moment du week-end, contrairement à ce qui se passe habituellement, je n'ai eu de message de Sébastien.

Ce monsieur est resté deux nuits sur place et le lundi, avant son départ, il me donna sa note.

Il était venu en voiture et me demanda des frais de transport deux fois plus important que ceux de Marie-Laure, qui venait pourtant de la même région mais qui voyageait en train.

Je déchiffrai son papier. Il avait rajouté des options pour grossir la note tels qu'une catégorie de véhicule plus importante, un prix du litre extrêmement haut et des étapes à son itinéraire.

J'étais un peu déçue car j'avais réglé les frais de restauration pour sa compagne alors que rien ne m'y obligeait et je trouvais « gonflé » qu'il veuille se faire de l'argent sur le dos de l'association.

Je lui fis part de mon sentiment et il tenta de s'expliquer en disant :

-j'ai fait le plein sur l'autoroute

Et là, sa compagne pris la parole pour dire cette phrase qui me fait encore sourire aujourd'hui :

-mais non minou, on a fait le plein avant de partir !

Le pauvre ! Il était tellement gêné !

Nous avons refait ensemble sa note de frais et j'ai compris que le message de Sébastien ne m'était pas destiné.

C'était au médium qu'il ne voulait pas parler... pas à moi !

Depuis le début de l'aventure, nous recevons des gens honnêtes et compétents et je sais maintenant que je ne les choisis pas par hasard.

Je peux compter sur l'œil averti de mon fils pour me conseiller et ça me rassure énormément.

L'association compte maintenant une quarantaine d'adhérents et chaque rendez-vous regroupe à chaque fois entre 50 et 80 participants.

Elle se porte bien dans le sens où l'objectif d'aider les personnes endeuillées est atteint avec la possibilité de faire venir des médiums de la France entière.

Nous organisons 6 à 7 conférences par an et c'est toujours un plaisir de voir des gens arriver avec un visage fermé et repartir avec un énorme sourire.

Quelle fierté lorsque certains, à la fin de l'après-midi, viennent me dire un petit mot d'encouragement !

Ma plus belle récompense est de les voir soulagés et de les regarder partir en disant « Merci Seb ! »

La bataille judiciaire

Depuis l'annonce de l'accident, mon mari et moi sommes convaincus que toute la vérité n'a pas été dite sur les causes réelles de l'accident.

Chaque fois que j'ai montré le dossier à un avocat, j'ai toujours eu la confirmation que l'enquête avait été menée à charge contre Sébastien, parce que les enquêteurs n'avaient pas voulu chercher trop loin pour reconnaître les responsabilités du chauffeur roumain impliqué.

Ils avaient dû se laisser aller au début à une conviction erronée et n'avaient jamais admis leur erreur.

Il était, en effet, beaucoup plus simple pour tout ce petit monde, qu'un gamin de 23 ans soit considéré comme un fou du guidon, puisque de toute façon il était mort…

Peut-être que si je n'avais pas eu cette force de caractère, cet amour inconditionnel pour mon fils et ces messages de « l'au-delà », j'aurais laissé faire et je ne me serais pas battue pour que la vérité éclate.

Il n'est aucunement question de vengeance ou de haine.

Il est juste important pour moi de faire connaître la vérité sur l'accident.

J'ai compris maintenant que la justice est là pour décider si telle ou telle personne est responsable avec les documents qu'on lui communique.

Il n'est pas pour autant évident que les choses se soient passées comme elle le dit.

En septembre 2016, j'ai assisté, impuissante, aux plaidoiries des avocats concernant l'accident de Sébastien.

C'était un lundi et Marie-Laure avait animé une conférence chez moi durant le week-end.

Elle a donc tenu à m'accompagner au Tribunal de Grande Instance à Paris.

Ma belle fille Mathilde était avec moi aussi et nous avons fait le trajet en train.

J'attendais énormément de cette journée, car elle représentait, pour moi, la fin de la bataille judiciaire et je pensais qu'en prenant connaissance des éléments de mon enquête, la magistrate allait devoir reconnaître la responsabilité indéniable du chauffeur roumain.

Mais quelle froideur ! Quel manque d'humanité dans les yeux de ces gens-là !

À notre arrivée, nous avons rencontré notre avocate, et elle nous a tout de suite mises en garde sur le fait que nous pouvions toutes les trois assister aux échanges, mais que nous n'avions en aucun cas le droit à la parole.

Elle était confiante et pendant quelques instants je l'ai été aussi.

La magistrate nous a fait entrer dans une petite salle et nous a demandé de nous asseoir en retrait.

Notre avocate et celle de la partie adverse se sont assises et chacune d'entre elle a exposé les faits.

J'avais imaginé un échange sous forme de débat, où les avocates auraient pu prendre la parole pour parfois contredire ce que chacune disait.

Mais cela ne se passait pas comme ça.

Mon avocate a lu sa plaidoirie devant une magistrate silencieuse et puis l'avocate de la partie adverse a pris la parole.

La situation m'a paru tellement abjecte !

Cette dame défendait les intérêts de son client, celui qui avait tué mon gamin et elle salissait par la même occasion sa mémoire.

Elle insistait sur la vitesse, sur le choc violent, sur les habitudes de mon fils à rouler vite … elle ne tenait pas compte des éléments nouveaux et ne faisait que redire ce que la première enquête avait fait apparaître.

C'était justement les conclusions de cette enquête que je ne pouvais pas accepter et je devais rester silencieuse ! C'était horrible !

Je suis ressortie du Tribunal anéantie et Mathilde essayait de faire bonne figure.

Marie-Laure, abattue, a repris son train pour Bordeaux et nous le nôtre.

Notre avocate avait bien tenté de nous expliquer que la magistrate avait un mois pour délibérer et qu'elle allait reprendre toutes les pièces du dossier, nous n'y croyions plus ni l'une ni l'autre en rentrant à la maison.

Mathilde a pleuré avec moi dans le train qui nous ramenait à notre vie de tous les jours. Elle était désolée de ne rien pouvoir faire, et pourtant, par sa présence, elle faisait déjà tellement !

Nous avons attendu un mois, une éternité et mi-octobre, notre avocate m'a téléphoné pour me donner les conclusions de la décision des magistrats.

Elle a commencé par :

-Bonjour, vous allez bien ? Je n'ai pas de bonnes nouvelles…

Les dés étaient jetés, mais le jeu n'était-il pas joué d'avance ?

La responsabilité du chauffeur roumain n'a pas été reconnu et les conclusions de cette enquête si mal menée n'ont pas été remises en cause.

L'avocate, elle-même, ne comprenait pas comment la magistrate avait pu, à ce point, ignorer les éléments nouveaux et ce fameux témoignage accablant pour la partie adverse.

Elle m'a demandé l'autorisation de poursuivre la bataille judiciaire en faisant appel.

J'ai accepté en précisant que je la laisserai faire et que je ne m'impliquerai pas dans cette nouvelle épreuve.

La justice n'avait pas reconnu le fait que ce chauffeur roumain ait fait une erreur de conduite qui avait coûté la vie à mon fils.

Je devais réussir à admettre que je n'avais pas réussi à laver l'honneur de mon fils par l'intermédiaire de cette justice.

Est-ce que cela voulait dire qu'ils avaient raison ?

Est-ce que cela signifiait que mon gamin était le seul responsable de son accident ?

Bien sûr que non !

Cela signifiait juste que ces gens qui tirent des conclusions lorsqu'ils ne connaissent pas complètement le sujet se sont trompés.

Alors au moment où je termine l'écriture de ce livre, je ne sais pas quel jugement sera rendu en appel et je dois avouer que je m'en fiche.

Sébastien voulait que la vérité soit dite, elle l'est.

Quand vous aurez lu ce livre, vous aurez votre propre idée des faits et c'est le plus important.

Je pense pouvoir dire que ton honneur est lavé Sébastien, bien au-delà des mots et de la bêtise humaine.

Remerciements

Je suis bien consciente que je suis parvenue à survivre à la mort de mon enfant grâce à tous mes proches et à toutes ces personnes rencontrées depuis l'accident par le biais de l'association.

Ils savent bien ce que je leur dois et savent combien ils ont joué un rôle primordial dans mon combat pour survivre.

J'ai rencontré des gens « comme nous », ceux qui souffrent du manque d'un être cher et qui n'ont pas besoin de tricher ni de mentir .

Je n'ai en réalité pas besoin de cet ouvrage pour dire ma reconnaissance à ceux qui, à un moment ou à un autre ont su m'aider dans mon combat pour me relever.

J'aimerais quand même remercier tous mes proches et en particulier Eddy mon mari, Nicolas mon fils et Mathilde ma chère belle fille, Anaé et Maélys mes amours de petites filles, Mickaël et Marianne les enfants d'Eddy, ma mère, ma sœur et toute ma famille et mes nombreux amis qui ont su, par leur simple présence, me soutenir comme ils ont pu.

ABECEDAIRE

Un an après son départ, j'avais publié sur les réseaux sociaux, une suite de texte en hommage à Sébastien, écrite sous forme d'Abécédaire.

Chaque jour, je m'apercevais que les amis et connaissances étaient de plus en plus nombreux à lire, et même à attendre ces parutions.

Le soutien qui m'a été témoigné à ce moment-là à été réconfortant.

Je vous livre ces articles pour partager avec vous mes sentiments du moment.

C'était en septembre et octobre 2013…

A comme ABSENCE:

C'est une chaise vide à l'occasion des réunions de famille, ou des dimanches, c'est cet appel qui ne vient pas pour me souhaiter bonne fête maman, c'est ce sentiment bizarre que je ressens quand je viens d'appeler ton frère et que je me dis que je n'ai plus que lui !

Alors j'ai tellement envie de le rappeler comme pour entendre ta voix à toi…

C'est sa présence qui me fais apprivoiser ton absence .

B comme Bonheur:

J'aurai pu choisir plein d autre mots, blessure, battante, beau-gosse, bleu comme ton regard, mais bonheur c'est ce que j'ai vécu avec toi pendant un peu plus de 22 ans, et c'est mon choix de vie.

Tout ce bonheur que j'ai vécu avec ceux que j'aime, et donc aussi avec toi, je l'ai stocké en moi, et je me dis que certaines relations mère-fils n'en apporteront jamais autant, même en 70 années!

Alors j'ai fait mon plein de bonheur avec toi et Nico, et avec Eddy, et je l'alimente maintenant avec des petits moments tout simples.

C comme Colère.

C'est le sentiment qui m'a permis de rester debout quand j'ai eu confirmation que ton accident ne s'était pas passé comme on avait bien voulu nous le faire croire.

C'est ce même sentiment que je ressens quand je pense qu'à cause de l'incompétence des gens qui ont mené l'enquête, il a fallu que ce soit moi qui relève les incohérences, les preuves flagrantes de mensonge du chauffeur du camion…

Colère c'est surtout ce que j'ai ressenti quand, au mois de février, j'ai voulu faire rouvrir l'enquête, et quand la fliquette m'a répondu : « faut pas exagérer quand même, c'est qu'un accident de la route, c'est pas l'affaire du siècle »

Colère contre tous ces gens qui n'ont rien compris, et qui ont quand même essayé de nous emmerder….et donc Courage aussi et surtout certitude de la gagner pour toi cette bataille….

D comme deux.

Tout va par deux habituellement, les jambes pour avancer, les yeux pour regarder, les oreilles…et surtout les poumons.

Je vous avais toujours dis, à toi et Nicolas que vous étiez mes deux poumons et que sans vous deux, je ne pourrais plus vivre…et je vis, parce qu'on peut vivre avec un seul poumon, on respire juste moins bien, on a parfois l'impression d'étouffer.

Alors on se repose sur le poumon qui reste en le gonflant un peu plus.

E comme écartelée.

Après le choc immense, quand je me suis retrouvée seule, quand la vie a repris son cours normal pour tous, c'est vraiment écartelée qui définit le mieux comment je me sentais. J'avais l'impression que tu étais resté derrière et que les autres me disaient d avancer quand même.

Je devais choisir entre rester avec toi et avancer avec eux. Choisir entre mes deux fils aussi !

C'est horrible ce sentiment…mais rester avec toi, ça aurait été plutôt partir avec toi !

Moi qui venais de connaître la douleur de perdre quelqu'un de si cher, je n'avais pas le droit de faire subir ça à ceux qui m aiment !

J'y ai quand même pensé et chaque fois je restais persuadée que toi tu ne voulais pas ! Eux non plus.

Il n'y a qu'à ton frère que je laissais voir un mal-être aussi profond, et sans le savoir il a trouvé les mots qui choquent et qui font rester : « je viens de perdre mon petit frère, tu crois que j'ai envie de perdre ma mère ? Moi je suis vivant ! » Merci Nicolas.

F comme force

J'ai tellement entendu ces mots :

« t'es forte, tu as de la force..je sais pas comment tu fais ? ».

Ça me blessait, j'avais presque honte, je prenais ça pour un reproche.

Je ne la comprenais pas cette force en moi. Même maintenant, je ne l'explique toujours pas. Je n'ai jamais été faible, c'est sûr, mais forte ?

Ta mort m'a anéantie, plaquée au sol, mais est ce que j'ai eu le choix. Il fallait avancer, alors j'ai rampé…il fallait vivre alors j'ai respiré, mais surtout il fallait que je continue à être une mère digne dont vous deviez être fiers, alors cette force, je vous la dois.

Tous les trois, on était forts ensemble, et cet amour-là est si beau…ma force c est vous 2 !

G comme grandir.

Cet amour fusionnel entre nous 3, vient certainement du fait que je vous ai donné la vie, alors que j'avais 19 ans et 22 ans.

On a grandi ensemble, et cet équilibre que j'avais déjà grâce à ma famille, je l'ai consolidé avec vous.

Vous avez donc grandi avec des valeurs transmises par mes parents, avec beaucoup d'explications sur tout, et ensuite, c'est avec toi et ton frère que, moi même, j'ai grandi, en vous regardant mais surtout en vous écoutant.

Quand tu es parti, c'est comme si j'étais redevenue une petite fille sans défense, et je me blottis plus souvent dans les bras de Nico, d'Eddy et dans la chaleur de ton sourire que je ressens.

H comme honneur.

Quelqu'un, à qui je disais que notre avocat avait engagé une réouverture d'enquête au procureur, m'a demandé à quoi ça allait me servir tout ça …

C'est juste une question d honneur !

Quand j'ai reçu la synthèse du PV d accident, même un môme de 10 ans aurait dit que rien ne collait !

Ça faisait sept mois qu'on nous rabâchait que tu étais allé te cogner comme ça, dans l'arrière droit du camion et la première question qu'Eddy a posé au gendarme c'est : « mais s'il s'est rabattu, comment vous expliquez qu'il ait tapé à droite du camion, il aurait tapé à gauche ?

Et le gendarme a dit texto: « il a sûrement essayé de passer dans l herbe ! »

Alors oui, on se battra pour laver ton honneur et le nôtre aussi…pour qu'on arrête de nous prendre pour des cons, et aussi pour qu'on reconnaisse la responsabilité du routier, puisque le témoignage de celui qui te suivait, confirme que le camion s'est déporté sur la gauche au moment où tu le dépassais. Ton honneur Sébastien, juste ton honneur…

I comme imbéciles.

Ça, on pourra dire que nous avons dû nous heurter à pas mal d'imbéciles depuis ton départ !

Comme ceux qui sont incapables de faire leur boulot correctement, et qui te balancent une vacherie pour se justifier,

Comme les deux qui m'ont écrit des vacheries en messages privés,

Comme toutes ces phrases assassines,

Comme ceux qui n ont pas compris qu'être debout et souriante ne veut pas dire aller bien….

Comme ceux aussi qui donnent des leçons de vie alors qu'ils n'ont rien fait de la leur…

J comme juillet

Depuis quelques années, tu disais que tu n'aimais pas le mois de juillet, qu'il te portait malheur.

C'est vrai que chaque mois de juillet, il t'arrivait des bricoles, mais tu étais, comme tu disais, un chat noir, alors juillet ou pas, pour moi, ça ne changeait rien.

Mais toi tu en étais persuadé, juillet c'était un mois qui portait la poisse.

Au point que, lorsque le 14 juillet 2012, tu es parti en vacances avec Julie à La Rochelle, tu as décidé au dernier moment de prendre ta voiture, alors que vous deviez y aller en moto. Tu m'as dis : « déjà, c'est plus pratique pour les bagages, en plus ils annoncent un temps de merde, et surtout on est en juillet ! »

Ça m'a fait sourire mais j'étais plus tranquille.

Alors ce 23 juillet 2012, tous ces concours de circonstances, je les ai ressassés : ton collègue malade, ton employeur qui te demande de faire un tour de plus, ce putain de camion qui déboîte…c'était en juillet, mon chat noir aux yeux bleus.

K comme karting :

Que de bons souvenirs de ce karting.

Tu voulais toujours gagner, et tu gagnais toujours, même suivi de peu par Nicolas.

Pour le challenge que je vous avais offert pour vos anniversaires, tu avais remporté la coupe du vainqueur, le jour de tes 20 ans, et des 23 de Nicolas.

Vous aviez la même hargne, la même envie de gagner, mais chaque fois il y avait ce petit quelque chose qui faisait que tu le devançais. Belles compétitions fraternelles et bon moments.

En août 2011, on avait même fait une virée moto en famille, avec Eddy, Nicolas, Mathilde, Julie, et Marianne, suivie d'un après-midi karting. Tu avais encore remporté la victoire !

Depuis ton départ, on n'est jamais retourné au karting.

Nicolas se donne à fond dans l'enduro, discipline qui ne te branchait pas trop…

Il se bat pour le sport, mais un peu aussi, pour toi et moi je suis tellement fière de vous deux.

L comme larmes

Les miennes bien sûr, et toutes celles qui sont versées pour toi.

Au début, elles coulaient en même temps que mes pleurs et mes sanglots, puis, elles coulaient seules et je les essuyais furtivement. Les autres autour de moi faisaient semblant de n'avoir rien vu.

Maintenant je les retiens et je les verse seule, parce que les larmes, même celles d une mère qui pleure son fils, dérangent ceux qui ne pleurent plus.

Parfois elles se sont accumulées si fort que j'en ai la gorge nouée.

Alors je m'isole pour les laisser couler, sans autre forme de chagrin, plus de cris, rarement des sanglots, parce que je ne veux pas te faire mal…si tu me vois.

M comme moto

On me dit souvent ne pas comprendre pourquoi j'aime toujours la moto.

Je réponds simplement que si tu étais mort en voiture, je ne serai pas devenue piéton.

C'était la passion d Eddy, qui, quand il a débarqué dans vos vies , vous l'a communiquée.

Des petites 50 d'enfants aux 80 de cross, à vos 50 à boites, puis les 125, les routières, et les enduros, vous avez toujours eu des motos.

Vous en avez avalé des kilomètres, sûrement plus que certains ne feront jamais dans toute une vie.

C'était ta passion, celle de ton frère, la nôtre et ça l'est toujours.

N comme Nicolas, mais aussi comme Nièce.

Nico c'était ton modèle, ton confident, le grand frère idéal, celui qui te protégeait, mais qui savait aussi t'engueuler!

Quand Anaé, ta petite nièce est née, tu étais si content d'être tonton. Tu m'avais dit :

« tu sais, profite bien de la petite à Nico, car tu ne seras pas mamie avec moi. Cette petite-là, je vais la gâter !

La dernière fois que tu l'as vue, c était le 21 juillet 2012, et tu l'as vue s'avancer vers toi… elle marchait depuis 2 jours seulement.

Pour Nico, ta mort a été terrible, et je pense que ce petit bout de gamine le tire autant qu'elle tire sa mamie pour qu'on avance quand même.

Elle parle souvent de toi chez nous et ça me fait du bien. Elle t'envoie des bisous, te cueille des fleurs…

Je suis encore en vie , en grande partie grâce à Nicolas et Anaé: c est mes amours à moi !

O comme ouragan

C'est bien un ouragan qui s'est abattu sur nous.

Ton départ c'est comme ce phénomène d'une violence inouïe, qui détruit tout en suivant un itinéraire que personne ne peut prédire…après son passage, on s'est dit :

« pourquoi toi, pourquoi nous ? »

Ta mort, comme un ouragan, nous a détruit, a touché en passant les gens proches de nous, et a laissé intact les autres...

D'abord dévastés, sinistrés même, nous tentons de nous reconstruire à notre rythme, le chemin sera long...mais l'édifice restera fragile je pense parce que tu nous manques.

P comme potes

Le temps qui passe m'a fait réaliser la sincérité de tes potes.

Ils me donnent de leurs nouvelles, me racontent des souvenirs avec toi, ils passent à la maison ou au cimetière, et quand ils me préviennent de leur venue, ils me disent tous : « je vais aller voir Seb". »

Ils te rendent des hommages chacun à leur façon, certains en écrivant pour toi sur leur mur des réseaux sociaux ou sur le mien, ou en mettant des mots, des bougies ou des photos sur ton mémorial de paradis blanc.

Tu as aussi beaucoup de courrier dans la « boite à mots » qui est posée sur ta tombe. Tu étais, et tu es toujours très important pour eux et ils le sont aussi devenus pour moi… merci à vous tous.

Q comme quotidien.

Ton accident a bouleversé mon quotidien.

Quotidien c'était avant tout nos coups de fil !

Toi c'était le matin, Nico le midi et selon ce qu'on avait à se raconter, on se rappelait parfois le soir.

Je n'imaginais pas un matin sans notre coup de fil…et pourtant…

Nicolas, dès que j'ai repris le boulot en août 2012, a commencé à m'appeler à « ton » heure.

Au début je pensais qu'il faisait ça parce qu'il s'y sentait obligé, il m'a dit que non, et depuis on continue. J'en ai vraiment besoin, ça me rassure.

Parfois, je prends mon téléphone et je fais ton numéro, rien que pour entendre ta voix.

Mon quotidien c est aussi la visite au cimetière.

Quelqu'un m'a dit : « tu ne devrais pas y aller tous les jours »

J'ai eu envie de lui répondre « Tu en sais quoi toi, ce qui est bon ou pas pour moi ? Je fais ce que j ai envie de faire »

Je lui ai seulement expliqué que c'était pour moi la seule façon de m'occuper un peu de toi …

Je n'éprouve aucune douleur à aller au cimetière, c'est comme ça, et ceux qui ne peuvent pas comprendre n'y sont pas obligés.

Mon quotidien, c'est allumer ta bougie vers le cube en verre qui contient ta photo en 3D.

La flamme semble animer ton visage…ça me plaît bien.

R comme regard.

Ce regard bleu parfois rieur, souvent moqueur, jamais menteur.

Comme pour ton frère et moi, ton regard en disait long sur ton humeur du jour…

Je me souviens des petits clins d'œil que tu aimais bien nous faire quand tu te moquais de quelqu un.

Je veux garder ce souvenir de regard complice et souriant que tu me jetais en arrivant chez nous, ce regard amusé quand vous déconniez avec Nicolas, ce regard tendre sur Anaé, ce regard fier quand tu faisais obéir tes chiens.

J'aimerais bien me replonger dans ton regard si bleu parfois.

S comme Sébastien,

Ce prénom que j'entends partout, que j'aime beaucoup, et que j'aime prononcer aussi.

Je t'appelais Sébastien, Seb ou p'tit homme.

Toi, ça dépendait, tu m'appelais M'man, le plus souvent, ou darone pour me faire gueuler !

S c'est aussi Saleen, ta chienne.

Tu dois lui manquer, elle vit chez mamie, et il parait qu'elle court partout quand elle entend une moto qui ralentit…

Et S, c'est souvenirs.

Je veux garder ton odeur, le timbre de ta voix, ton sourire et ton humour, tous ces souvenirs qui me réchauffent quand j'ai froid au cœur.

T comme tri.

Autour de nous, ceux qui nous aimaient vraiment ont fait bloc, les autres, aussi horrible que ça puisse paraître, nous ont lâché, parce qu'ils n'étaient plus le centre de la terre.

Quelqu'un m'a même reproché de l'avoir laissé de côté le jour des obsèques.!

Je suis plus sereine du coup, parce que je sais en qui je peux avoir entièrement confiance…et aussi ceux qui sont assez méchants pour abattre quelqu'un déjà par terre.

Le tri a donc été naturel parce que, lorsqu'on vit un choc aussi violent, on recherche seulement des gens sincères, pas des hypocrites…

Alors merci à ceux qui sont encore avec nous, et les autres…comment dire ?

U comme unis.

On dit que l'union fait la force, je confirme !

Tous les trois, Nico, toi et moi, on était tellement intouchables.

Quand l'un des trois avait un problème, les deux autres rappliquaient pour chercher une solution.

On était sûrs que rien ne pouvait nous arriver… et pourtant !

Quand tu es parti, cette union n'a pas faibli et Nico et moi sommes restés soudés pour mieux supporter la douleur de ton absence.

Mais certains matins, cette douleur est tellement vive, que j'aimerais bien te revoir juste une fois…parce que tu manques à nos vies.

V comme vérité

On aurait tellement aimé la connaître tout de suite cette vérité sur les causes de l'accident…

On aurait tellement aimé que les gendarmes la cherchent…on aurait tellement aimé que le routier roumain assume sa connerie…parce que l'erreur est humaine, mais le mensonge ?

On aurait aimé que ce rapport d'accident contienne au moins un peu de vérité, juste un peu, mais on a beau chercher, à chaque page, c'est un tissu de conneries, même le lieu de naissance de Sébastien est erroné !

L'heure de l accident aussi, pourtant elle ne peut être plus exacte si, au moins, on sait lire un disque chronotachygraphe….il faut croire que certains enquêteurs en sont incapables, tout comme noter le lieu exact du choc (en se trompant de borne).

Sébastien rentrait « pile-poil » dans la tranche à risque de leurs statistiques.

Elle éclatera la vérité, d'une manière ou d une autre…je te le promets Seb !

W comme week-end

Parfois le week-end, tu restais « tranquille », comme tu disais, et parfois tu venais chez nous.

Ton dernier week-end, tu es venu en moto chez nous pour l'anniversaire d'Eddy le samedi ;

J'étais contente d'avoir pu vous réunir tous les quatre : toi, Nico et aussi Marianne et Mickaël.

Et là, ça s'est passé comme quand ils venaient chez nous dans leur enfance, un week-end sur deux.

Les mêmes pitreries avec Marianne, les mêmes partages avec Micka…et bien sûr, la même complicité avec Nicolas….je pense que ça les a aidés de te voir si peu de temps avant ton départ.…

Le dimanche, tu l'as passé chez les parents de Julie, et ça m'a permis d'avoir les dernières photos de toi.

Je te revois pour ma part démarrer de chez nous avec ta moto, et te retourner pour nous faire signe :

TCHAO p'tit homme, à T'tal !

Y comme y croire.

Quand, peu de temps après ton accident, ceux qui ne voulaient pas que je baisse les bras me disaient : « allez, il faut y croire ! » je pensais « mais croire en quoi ? »

Sans être complètement non croyante, j'ai toujours eu du mal à croire au paradis tel qu'on me l'avait décrit. Je suis très cartésienne et j ai besoin qu'on me prouve les choses avant d'y croire.

Et comment croire en un « bon » Dieu qui t'aurait arraché l'un des êtres que tu aimes le plus au monde…il aurait quoi de bon ce Dieu ?

Peu de temps avant ta mort, on avait parlé de ça justement et on avait rigolé, car je t'avais dit que j'y croirai quand je le verrai, mais que je croyais quand même très fort qu'après la vie, il y a autre chose, et tu m'as dit « j'espère bien, je voudrais pas avoir galéré pour rien ! »

Maintenant je suis sûre de ta présence, grâce à tous ces signes que tu m'envoies, et si certains me prennent pour une illuminée, pas grave !

Je t'aime et tu me manques, tu le sais et quand je suis au plus bas, tes clins d'œil me ressourcent…

Je ne pensais pas pouvoir dire ça un jour et pourtant, maintenant, j'Y crois.

À quelque chose après, toujours pas au paradis, mais à quelque chose après…laissez-moi y croire !

Z comme zoom

Zoom sur ces 26 jours durant lesquels j ai tenté de vous faire partager mes émotions…ma douleur, mon amour pour Sébastien et pour tous ceux qui me le rendent bien.

J'ai pris plaisir chaque jour, à écrire pour vous et pour Sébastien et je vous remercie infiniment pour tous ces petits mots en messages privés, en SMS ou de vive voix.

Vous me disiez même pour certains, attendre avec impatience la suite.

C'est super gentil et ça me touche énormément.

Quand j'ai écrit que parfois j'appelais son répondeur pour entendre sa voix, certains d'entre vous m'ont avoué l avoir fait.

Ce zoom sur mes émotions, il est comme moi, entier et vrai.

Z c est aussi ZE VOUS AIME. !!!

Edition : BoD - Books on Demand
12/14 rond-point des Champs Elysées, 75008 Paris
Imprimé par Books on Demand GmbH, Norderstedt,
Allemagne
ISBN : 9782322132775
Dépôt légal : décembre 2016